KB067098

한 장으로 보는
중국 스타트업 비즈니스 모델

BUSINESS MODEL PATTERNS

한 장으로 보는 중국 스타트업 비즈니스 모델

대륙을 뒤흔든
60가지 앱의
성공 패턴

왕친 지음 | 김나정 옮김

VALUE

CONCEPT

DEVELOPMENT

STRATEGY

업종별 스타트업의
비즈니스 구조를
단숨에 파악한다!

유엑스리뷰

들어가며

혁신을 거듭하는 중국 스타트업의 온라인 서비스

여러분들은 '중국 온라인 서비스'라는 말을 들으면 무엇이 떠오르시나요? 중국의 모바일 결제 서비스인 알리페이Alipay 혹은 세계적 인기를 끌고 있는 틱톡TikTok을 생각하시거나 IT 기업인 알리바바Alibaba와 텐센트Tencent 등을 떠올리는 분도 많을 것 같습니다. '나하고는 관계없다'라고 생각하시는 분도 계시겠지요.

그런데 한번 생각해 봅시다. 다양한 서비스의 온라인화가 빠르게 진행되고 있는 현재의 흐름 가운데 중국의 다양한 온라인 비즈니스에 대한 지식은 우리에게 아주 유익한 자산이 될 것입니다.

2019년, 중국의 온라인 비즈니스에 대해 논한 《애프터 디지털》(후지이 야스후미·오바라 가즈히로 공저, 위즈플래닛)이라는 책이 베스트셀러가 되었지요. 책 제목처럼 중국은 이미 모든 것이 온라인화된 '디지털 후' 세계입니다. 쇼핑, 음식 배달, 배차 서비스 등은 물론이고 의료, 학업, 임대 주택 계약, 납세도 온라인을 이용합니다. 심지어 새로운 화장품을 스마트폰 화면상에서 테스트해 볼 수도 있습니다.

또 기존에는 비즈니스의 연장선상에서 EC(전자 상거래) 사이트를 열었지만, 이제는 반대로 EC 사업자가 고객 체험 향상을 위해 매장을 내는 형식의 비즈니스 모델이 만들어졌습니다. 이러한 중국의 다양한 비즈니스 시장 흐름을 이해하는 일은 디지털 전환이 가속화되고 있는 현 사회에서 사업적 기회를 거머쥐기 위한 무기가 될 것입니다.

　다만 중국의 온라인 서비스는 대부분 중국의 은행 계좌나 전화번호가 없으면 이용이 어렵습니다. 정보를 얻으려고 해도 검색해보면 중국어만 가득해 접근하기가 쉽지 않지요.

　이 책은 중국에서 인기 있는 앱 60개를 엄선하여 각각의 비즈니스 모델과 기능, 마케팅, 자금 조달 방식 등의 다양한 정보를 도표나 그림을 이용하여 이해하기 쉽게 해설합니다. 소개하는 앱의 카테고리는 SNS와 EC, 결제, 엔터테인먼트, 자산 관리, 자기 계발, 건강, 비즈니스 등 다방면에 이릅니다.

　이 책이 제공하는 정보는 IT 기업에서 기획, 개발을 담당하고 있는 분은 물론, 중국 진출을 노리고 있는 기업에 종사하는 분, IT분야 사업을 준비하고 있는 분, 투자자, 앞으로 사회생활을 하게 될 학생들에게 분명 큰 도움이 될 것입니다.

　저는 현재 '가와유이 홀딩스'의 CEO로서 게임, 애니메이션 등의 일본 콘텐츠를 세계에 수출하는 콘텐츠 상사 'JCCD.com'과 각 기업에 맞는 세계의 우수한 인공지능AI의 수입을 돕는 'AiBank.jp', 그리고 전문성을 가진 전 세계 인재의 타임 셰어를 제공하는 'TIME-X'라는 회사를 운영하고 있습니다.

　이 기업은 제가 게이오기주쿠대학에 재학 중일 당시에 창업하였고, 대학 졸업 후에는 당사 경영과 함께 리크루트 홀딩스에 입사하여 중국 기업과의 제휴 협상과 투자 검토를 담당해 왔습니다.

　저는 지금까지 텐센트, 알리바바와 같은 대기업부터 막 사업을 시작한 스타트업까지 수많은 중국의 IT 기업과 관계를 맺어왔습니다. 그 과정에서 그들의 비즈니스 모델과 제품 기능, 자금 조달과 마케팅 등의 성장을 엿볼 수 있었고, 제가 하고 있는 비즈니스에 활용해보기도 했습니다.

　이렇게 얻은 지견을 토대로 2년이라는 시간을 들여 이 책을 완성하였습니다. 본서를 통해 중국 온라인 비즈니스의 대표적 제품과 시스템, 성장과 성공 과정, 중국인의 니즈를 알아보면서 여러분의 비즈니스에 응용할 수 있는 부분을 찾기 바랍니다. 물론 본서에서 소개하는 비즈니스 모델은 한국에서 그대로 통용되지 않을 수 있습니다. 그렇다고 해도 개발이나 기획을 하는 과정에서 접하게 되는 미지의 서비스는 여러분의 업무에 힌트가 될 것입니다. 본서가 여러분의 지견을 넓히고 더 좋은 비즈니스를 만드는 데 도움이 된다면 더할 나위 없이 기쁘겠습니다.

이제부터 중국 스타트업 온라인 비즈니스의 세계를 함께 들여다봅시다!

왕친(王沁)

차례

제1장   소셜 미디어

제2장　생활

제3장   쇼핑

제4장   대여와 중고거래

제5장　엔터테인먼트

제6장　자기 계발

제7장　　금융

제8장　　여행

| 제9장 | 비즈니스 |

이 책의 구성

이 책은 중국에서 인기 있는 앱 60가지를 엄선하여 각각의 기본 정보와 비즈니스 모델, 기능, 마케팅, 자금 조달 방식 등을 이해하기 쉽게 설명한다. 앱의 중요도에 따라 구성은 바뀔 수 있다.

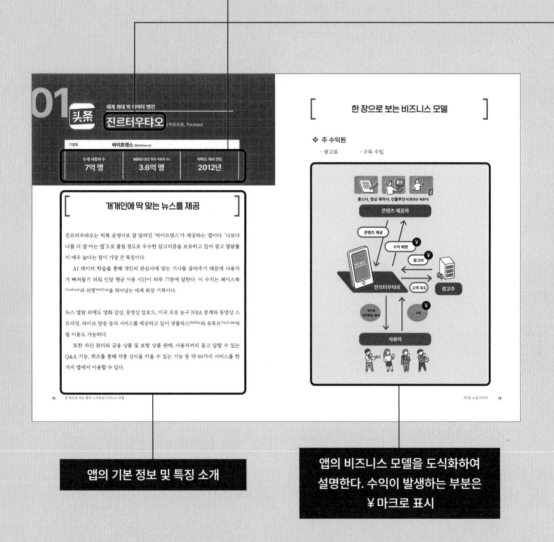

앱의 기본 정보 및 특징 소개

앱의 비즈니스 모델을 도식화하여 설명한다. 수익이 발생하는 부분은 ¥ 마크로 표시

앱 이름

누계 사용자 수(연인원수),
MAU(월간 활성 사용자 수),
개시 연도 소개

앱이 인기를 끈 사회적 배경과
사용자 관점에서의 특징,
마케팅 방식, 자금 조달과
관련된 정보를 소개
(일부 기재하지 않은 앱도 있음)

사용자 니즈와 기업의 성장 배경

진르터우탸오의 강점은 높은 광고 열람률, 유사 앱을 능가하는 많은 기능에 있다. 중국 앱은 기본적으로 기능이 많지만, 이 앱은 뉴스 열람 외에도 영화, 보험 및 금융 상품 판매, 동영상 업로드와 스트리밍 등 다방면의 서비스를 제공하며, 모든 서비스를 합하면 약 60가지나 된다.

특히 동영상 플랫폼인 '화산 쇼트 비디오'와 '스카이 비디오'는 인기가 높아 업로드한 동영상으로 높은 광고 수익을 보고 있는 사용자도 늘고 있다. '화산 쇼트 비디오'는 틱톡처럼 동영상 길이가 짧은 세로 화면 영상이지만, '스카이 비디오'는 유튜브처럼 시간 제약이 따로 없는 가로 동영상이라는 점이 다르다.

진르터우탸오의 사용자는 30대 이하가 90%를 차지한다. 일과 학업으로 바쁜 일상 속에서 틈틈이 짬을 내어 시간을 유용하게 쓰고자 하는 사용자에게 궁금한 정보를 확실히 제공해 주는 우수한 알고리즘은 없어서는 안 될 서비스가 되었다.

세 번의 발전

1	2015년	'가장 영향력 있는 앱상' 수상	수상으로 인해 인지도 상승.
2	2016년	쇼트 비디오 플랫폼에 10억 위안 투자	10억 위안(약 1,600억 원)을 들여 쇼트 비디오 플랫폼인 '화산 쇼트 비디오'를 개발하여 제공.
3	2018년	프리IPO 라운드 투자금 확보	소프트뱅크 비전 펀드(SoftBank Vision Fund), 콜버그 크래비스 로버츠(KKR), 프리마베라 캐피털 그룹(Primavera Capital Group), 윈펑 캐피털(Yunfeng Capital), 제너럴 애틀랜틱(General Atlantic)으로부터 40억 달러(약 4조 1,600억 원) 조달.

앱의 주요 기능 및 UI 디자인 특징

앱 홈 화면

홈 화면 상단에 표시될 콘텐츠를 고를 수 있다

기사마다 선호도를 입력하면 추천 정확도가 올라간다

질문을 올릴 수 있는 Q&A 채널

화산 쇼트 비디오 UI. 동영상은 세로 화면만 지원한다

댓글을 달거나 사용자를 팔로우할 수 있다

앱이 크게 성장하게 된 세 가지 계기 소개
(일부 기재하지 않은 앱도 있음)

다양한 사진을 통해 앱의 UI(유저 인터페이스)를 소개하고, 기능을 알기 쉽게 설명

※ 일러두기

엔화는 100엔 기준 원화 1,000원으로

환율을 적용해 번역했습니다

제1장

소셜 미디어

새로운 소통의 장을 열다

세계 최대 빅 데이터 엔진

진르터우탸오 (今日头条, Toutiao)

기업명	**바이트댄스** (ByteDance)	
누계 사용자 수	MAU (월간 활성 사용자 수)	서비스 개시 연도
7억 명	**3.6억 명**	**2012년**

[개개인에 딱 맞는 뉴스를 제공]

진르터우탸오는 틱톡 운영사로 잘 알려진 '바이트댄스'가 제공하는 앱이다. '나보다 나를 더 잘 아는 앱'으로 불릴 정도로 우수한 알고리즘을 보유하고 있어 광고 열람률이 매우 높다는 점이 가장 큰 특징이다.

AI 데이터 학습을 통해 개인의 관심사에 맞는 기사를 골라주기 때문에 사용자가 빠져들기 쉬워 인당 평균 이용 시간이 하루 77분에 달한다. 이 수치는 페이스북Facebook과 위챗WeChat을 뛰어넘는 세계 최장 기록이다.

뉴스 열람 외에도 영화 감상, 동영상 업로드, 미국 프로 농구 NBA 중계와 동영상 스트리밍, 라이브 방송 등의 서비스를 제공하고 있어 넷플릭스Netflix와 유튜브YouTube처럼 이용도 가능하다.

또한 자산 관리와 금융 상품 및 보험 상품 판매, 사용자끼리 묻고 답할 수 있는 Q&A 기능, 퀴즈를 통해 각종 상식을 키울 수 있는 기능 등 약 60가지 서비스를 한 가지 앱에서 이용할 수 있다.

한 장으로 보는 비즈니스 모델

❖ **주 수익원**

- 광고료   - 구독 수입

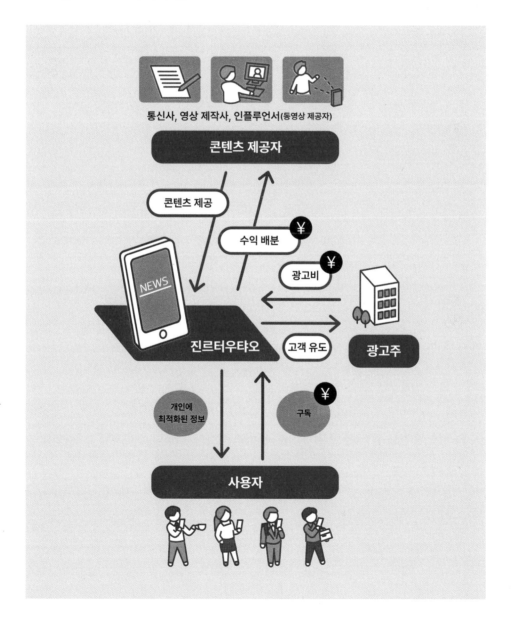

사용자 니즈와 기업의 성장 배경

진르터우탸오의 강점은 높은 광고 열람률, 유사 앱을 능가하는 많은 기능에 있다. 중국 앱은 기본적으로 기능이 많지만, 이 앱은 뉴스 열람 외에도 영화, 보험 및 금융 상품 판매, 동영상 업로드와 스트리밍 등 다방면의 서비스를 제공하며, 모든 서비스를 합하면 약 60가지나 된다.

특히 동영상 플랫폼인 '화산 쇼트 비디오'와 '스카이 비디오'는 인기가 높아 업로드한 동영상으로 높은 광고 수익을 보고 있는 사용자도 늘고 있다. '화산 쇼트 비디오'는 틱톡처럼 동영상 길이가 짧은 세로 화면 영상이지만, '스카이 비디오'는 유튜브처럼 시간 제약이 따로 없는 가로 동영상이라는 점이 다르다.

진르터우탸오의 사용자는 30대 이하가 90%를 차지한다. 일과 학업으로 바쁜 일상 속에서 틈틈이 짬을 내어 시간을 유용하게 쓰고자 하는 사용자에게 궁금한 정보를 확실히 제공해 주는 우수한 알고리즘은 없어서는 안 될 서비스가 되었다.

세 번의 발전

1	2015년	'가장 영향력 있는 앱상' 수상	수상으로 인해 인지도 상승.
2	2016년	쇼트 비디오 플랫폼에 10억 위안 투자	10억 위안(약 1,600억 원)을 들여 쇼트 비디오 플랫폼인 '화산 쇼트 비디오'를 개발하여 제공.
3	2018년	프리IPO 라운드 투자금 확보	소프트뱅크 비전 펀드SoftBank Vision Fund, 콜버그 크래비스 로버츠KKR, 프리마베라 캐피털 그룹Primavera Capital Group, 윈펑 캐피털Yunfeng Capital, 제너럴 애틀랜틱General Atlantic으로부터 40억 달러(약 4조 1,800억 원) 조달.

앱의 주요 기능 및 UI 디자인 특징

앱 홈 화면

홈 화면 상단에 표시할
콘텐츠를 고를 수 있다

기사마다 선호도를
입력하면 추천
정확도가 올라간다

질문을 올릴 수 있는
Q&A 채널

화산 쇼트 비디오 UI.
동영상은 세로 화면만
지원한다

댓글을 달거나 사용자를
팔로우할 수 있다

02

위챗 (微信, WeChat)

기업명	**텐센트** (Tencent)	
누계 사용자 수 비공개	**MAU** (월간 활성 사용자 수) 12.1억 명	**서비스 개시 연도** 2011년

[중국에서 가장 유명한 커뮤니케이션 앱]

위챗은 중국판 '카카오톡'이라고 할 수 있는 서비스다. 문자와 이미지, 동영상뿐만 아니라 음성 파일도 주고받을 수 있으며, 페이스북과 같은 SNS 기능도 제공한다.

또한 간편 결제 기능인 '위챗페이'를 비롯하여 게임, 인터넷 쇼핑, 주식 매매, 광열비 납부, 보험 처리, 병원 예약, 교통 범칙금 납부 등 다양한 기능을 이용할 수 있어 중국인의 생활 인프라 앱이라 봐도 무방하다.

이를 가능케 한 것이 텐센트의 독자 기능인 '미니 프로그램'이다. 이는 서드 파티 3rd Party(다른 회사 제품에 이용되는 소프트웨어나 주변 기기를 개발하는 회사)가 개발한 기능을 앱 내에 새롭게 추가할 수 있는 프로그램이다. 이에 따라 위챗 앱 내에 다양한 기능을 넣을 수 있게 되었다. 미니 프로그램 개발로 위챗은 서비스 개시와 동시에 서드 파티로부터 인증비나 결제 시스템 이용료 등을 받아 수익성을 크게 향상시켰다.

한 장으로 보는 비즈니스 모델

❖ **주 수익원**

　・게임 이용료　・광고료　・결제 수수료　・시스템 이용료 등

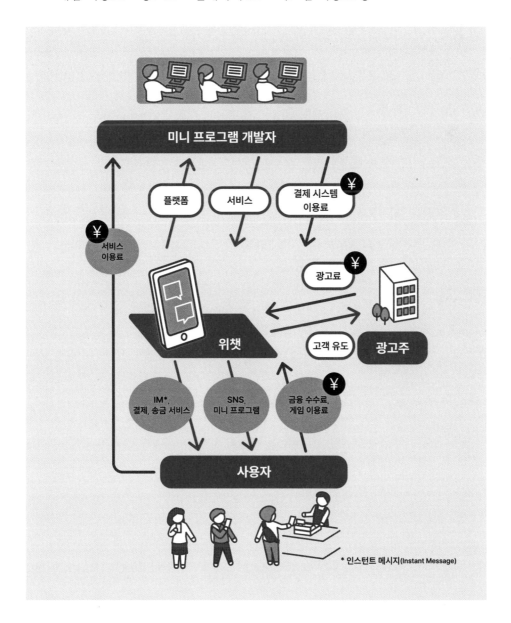

사용자 니즈와 기업의 성장 배경

수많은 메신저 앱 중에서 위챗이 높은 점유율을 획득한 이유 중 한 가지는 위챗이 탄생하기 이전부터 존재했던 텐센트의 '큐큐QQ(28쪽 참조)'라는 메신저 서비스 사용자가 그대로 넘어왔기 때문이다.

큐큐는 스마트폰이 생기기 이전인 1999년에 서비스를 시작했으며, 커뮤니케이션 서비스의 원조라고 할 수 있는 존재다. 큐큐와 위챗은 호환성이 있기 때문에 큐큐 유저가 위챗으로 넘어오기 편리한 구조다. 연락처도 함께 이용할 수 있어서 인간관계를 통한 '바이럴 마케팅'으로 사용자 수를 급격히 늘리는 데 성공했다.

또 한 가지 이유는 전술한 '미니 프로그램'이라는 기능에 있다. 미니 프로그램이란 간단히 말하자면 '앱 내에 사용자가 원하는 기능을 추가할 수 있는 프로그램'이다. 앱 내에 앱 리스트가 있다고 생각하면 된다. 이 프로그램은 위챗 앱 하나로 게임, 쇼핑, 송금, 지하철 이용, 공공요금 납부 등에 이르는 다양한 서비스를 이용할 수 있게 만들어 사용자 이탈을 막는 데도 유용하다.

150만 명 이상의 개발자가 참여한 미니 프로그램은 유저들에게 100만 개가 넘는 서비스를 제공하고 있다. 또한 미니 프로그램은 네트워크상에서 가동하기 때문에 단말기에 다운로드할 필요가 없다는 점도 특징적이다.

주요 자금 조달

조달 라운드	조달 시점	조달 총액	투자가
전략 투자	2018년	2.9억 위안 (약 470억 원)	리포 그룹Lippo Group
IPO 후	2005년	비공개	힐하우스 캐피털 그룹Hillhouse Capital Group
IPO*	2004년	2.29억 달러 (약 2,380억 원)	개인 투자가
B 라운드	2001년	비공개	미리어드 인터내셔널 홀딩스Myriad International Holdings
A 라운드**	1999년	440만 달러 (약 46억 원)	IDG 캐피털 / 홍콩 PCCW

* 기업이 상장하여 시장에 주식을 공개하는 것(Initial Public Offering).
** 투자가가 기업에 투자하기 위한 기준. 기업의 성장 단계에 따라 A, B, C 알파벳 순으로 진행된다.

세 번의 발전

1	2012년	공식 계정 기능 추가	페이스북 페이지와 같은 기능. 기업, 팔로워 수가 많은 개인이 공식 계정을 취득할 수 있으며 현재는 2천만 명이 넘는 페이지가 존재.
2	2014년	세뱃돈 송금 서비스 개시	중국 인기 연말 프로그램에서 '홍바오(새뱃돈이 든 빨간색 봉투)'라는 송금 기능(상한 200위안: 약 30,500원)을 이용해 세뱃돈을 보내자는 메시지가 나오면서 폭발적으로 유행하기 시작.
3	2017년	'미니 프로그램' 개시	앱 내에서 서드 파티가 만든 기능을 사용할 수 있게 되어 편리성이 급격히 상승해 기존 고객 이탈을 막는 데 성공.

앱의 주요 기능 및 UI 디자인 특징

앱 홈 화면

왼쪽의 음성
버튼을 눌러
음성 메시지를
보내거나, 음성
입력을 할 수
있다

다른 사용자와
손쉽게 파일을
주고받을 수
있다

미니 프로그램
UI① (해당
이미지는 뷰티
SNS인 '샤오홍슈
Xiaohongshu')

미니 프로그램 UI② (해당 이미지는 배차 앱 '디디추싱DiDi')

은행 계좌와 연결하여 결제, 송금 서비스를 제공하는 위챗페이

채팅 화면에서 버튼만 클릭하면 송금할 수 있기 때문에 간단한 사례나 세뱃돈을 보내는 데에도 쓰인다

영상, 이미지에 글자나 이모티콘을 넣을 수 있는 편집 기능

03

20년 이상 사랑받은 원조 채팅 서비스

큐큐 (QQ)

기업명 텐센트		
누계 사용자 수	MAU (월간 활성 사용자 수)	서비스 개시 연도
비공개	6.2억 명	1999년

['중국을 바꿨다'고 평가받는 앱]

1999년, 텐센트가 시작한 인스턴트 메시지 서비스 큐큐는 '중국을 바꿨다'고 해도 과언이 아니다. 또한 전술한 '위챗'의 성장에도 크나큰 영향을 끼쳤다. 큐큐에는 문자 전송과 그룹 채팅 등의 일반적인 인스턴트 메시지 기능 외에도 다양한 기능이 있다.

특히 파일 공유 기능이 매우 뛰어나다. 그룹을 만들면 그룹 내에서 3GB를 자유롭게 이용할 수 있어 사진, 문서 등을 간편하게 공유할 수 있다. 큐큐는 스마트폰이 등장하기 이전부터 존재했던 서비스로, 당시에는 무척 혁신적인 기능이었다.

현재는 아이콘이나 스마트폰 화면을 자유롭게 꾸밀 수 있는 기능, 아바타 기능, 페이스북과 같은 커뮤니티 기능, 동영상 업로드, 라이브 채팅, 음악, 만화, 게임, 쇼핑몰 등 다양한 서비스를 제공하는 슈퍼 앱으로 진화했다. 그중에서도 큐큐에서 제공하고 있는 게임은 인기가 많아서 다른 SNS를 주로 쓰는 사용자의 이탈을 막는 중요한 역할을 한다.

한 장으로 보는 비즈니스 모델

❖ **주 수익원**

　·광고료 ·수익 배분 ·구독 수입 ·옵션 서비스 이용료 등

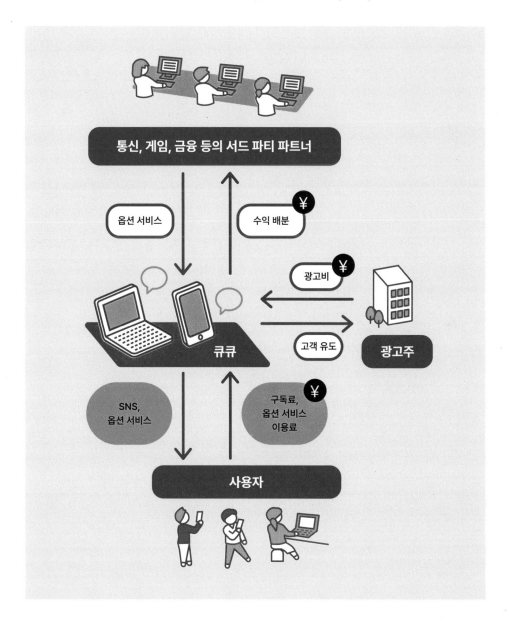

사용자 니즈와 기업의 성장 배경

큐큐는 중국 온라인 서비스의 역사를 논할 때 빼놓을 수 없는 매우 중요한 서비스다. 스마트폰이 등장하기 훨씬 전부터 서비스를 제공해온 큐큐는 당시 컴퓨터 사용을 전제로 한 프로그램이었으며, 2003년부터 휴대전화 앱 서비스를 개시했다.

페이스북이 2004년, 그리고 트위터Twitter가 2006년에 시작된 것을 고려하면 상당히 빠른 시기에 서비스를 시작했다는 점을 알 수 있다. 중국인은 메일을 잘 사용하지 않는데, 이는 인터넷이 보급되기 시작했을 즈음부터 큐큐가 있었기 때문이라는 해석이 많다.

큐큐는 편리한 사용성과 깔끔한 UI가 특징이다. 또 큐큐 계정은 전화번호처럼 숫자로 되어 있어 외우기 쉬우며, 본인 인증도 필요하지 않아 간단히 계정을 만들 수 있다. 이러한 부분은 많은 사람에게 이용되어 온 이유 중 하나로 꼽는다. 이렇게 간편한 절차 덕분에 사용자가 비사용자를 그룹에 쉽게 초대할 수 있었고, 이에 따라 사용자가 폭발적으로 늘어나게 되었다.

세 번의 발전

1	2002년	큐큐 그룹 기능 개시	타사보다 빠르게 그룹 채팅 기능을 도입해 기존 사용자가 친구, 지인을 초대하면서 사용자 수가 증가.
2	2005년	블로그 플랫폼 '큐큐 존' 서비스 개시	이 기능을 시작으로 동영상 업로드 기능, 라이브 스트리밍 기능, 가족이 함께 사용하는 공동 관리 기능 등을 차례대로 추가. 단순 채팅 서비스에서 종합 SNS로 발전.
3	2010년	채팅 문의 기능 '마케팅 큐큐' 개시	기업 웹사이트에 채팅을 이용하여 문의할 수 있는 기능의 서비스를 개시.

앱의 주요 기능 및 UI 디자인 특징

앱 홈 화면. 모든
채팅을 홈 화면에서
검색할 수 있다

이모티콘에 자신의
목소리를 입힐 수 있는
'음성 이모티콘'

깔끔한 UI로
다양한 기능을
간편히 이용할 수 있다

텐센트의 모든 게임을
큐큐에서 실행할 수
있다

라이브 쇼핑 기능.
위챗페이로
결제할 수 있다

인플루언서와
라이브 룸에서
채팅이 가능하다

04

누구나 간단히 온라인 살롱을 만들 수 있다

즈스싱추 (知识星球, Zhishixingqiu)

기업명 **다청티앤샤** (DaChengTianXia)

누계 사용자 수	MAU (월간 활성 사용자 수)	서비스 개시 연도
2천만 명	**비공개**	**2015년**

[스마트폰 하나로 내가 가진 노하우를 수익화하다]

즈스싱추는 누구나 손쉽게 커뮤니티나 온라인 살롱(인터넷상에서 개인이 운영하는 회원제 모임)을 만들고 운영할 수 있는 앱이다. '별'이라고 불리는 커뮤니티를 만들어 팔로워가 별에 가입하면 별 관리인과 교류하거나, 최신 정보를 얻거나, 조언을 들을 수 있다. 커뮤니티의 장르는 비즈니스, 취미, 기술 계통 등으로 매우 다양하다.

위챗과 중국판 트위터라고 불리는 웨이보^{Weibo}(36쪽 참조) 등에서 많은 팔로우를 보유한 인플루언서나 업계 전문가, 창업가와 같은 유명인사들의 커뮤니티도 존재한다. 유료, 무료 여부는 사용자가 스스로 정할 수 있으며, 유료 커뮤니티의 연간 요금은 평균 2~3만 원 수준이다.

회원이 '별'을 평가할 수 있는 '리뷰 기능'과 관리인이 회원에게 과제를 부여하는 '과제 기능', 파일을 업로드하는 '파일 기능', 새로운 회원을 초대하면 현금을 받을 수 있는 '소개 기능' 등의 기능적인 면도 충실한 앱이다.

한 장으로 보는 비즈니스 모델

❖ **주 수익원**

- 수익 배분

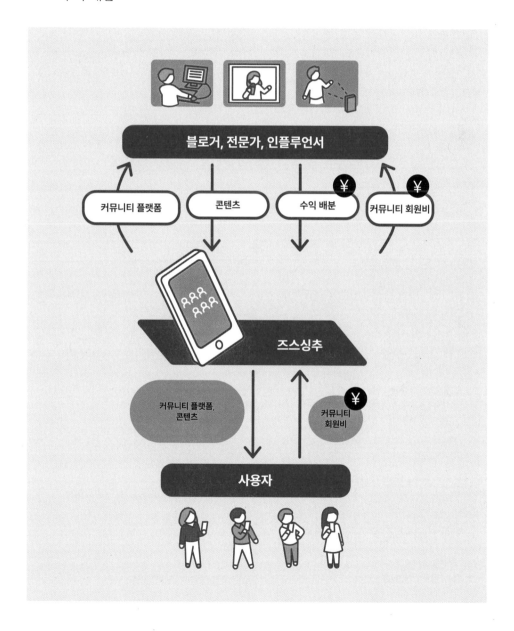

앱의 주요 기능 및 UI 디자인 특징

앱 홈 화면

'별' 홈 화면.
이곳에서
관리인의
게시물을 보거나
질문을 남길 수
있다

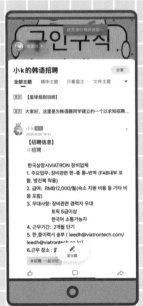

외국어 통번역
구인 정보나
전문 용어 번역
등의 콘텐츠
(해당 이미지는
'한국어 통번역 구인
페이지')

학교 선생님이
관리인이
되어 과제를
내거나, 학생의
질문에 답하는
방식으로도
사용된다

특정 주제에
대해 논의하는
'탁상 회의'
기능. 관심사가
같은 사용자와
소통할 수 있다

사용자의 이력에
따라 '별'을
소개해준다.
내용을 모두
보기 위해서는
'별'에 가입해야
한다

'별' 순위는
과금액, 활동
빈도 등에 따라
1시간마다
갱신된다

'별 코인'이라는
앱 내 재화 충전
화면. 유료
'별'에 가입할 때
사용된다

05

기업명 **시나닷컴** (SINA Corporation)

누계 사용자 수	MAU (월간 활성 사용자 수)	서비스 개시 연도
비공개	**5.1억 명**	**2009년**

[
일반 사용자뿐 아니라 중국에서
비즈니스를 하는 기업이라면 꼭 필요한 앱
]

웨이보는 흔히 중국판 트위터라고 불리지만, 트위터를 뛰어넘는 많은 기능을 갖추고 있다.

사진, 동영상, GIF 이미지 게시 기능을 포함해 라이브 스트리밍 기능, 라이브 스트리머에게 돈을 보낼 수 있는 유료 후원(기프팅) 기능, 앱 상에서 간단히 설문 조사를 진행할 수 있는 투표 기능과 모르는 점을 불특정 다수에게 질문할 수 있는 '묻고 답하기' 기능, 경품에 당첨되는 뽑기 기능, 소액 송금이 가능한 세뱃돈 기능, 웨이보 상에서 상품을 판매할 수 있는 기능, 영화 및 음악 등의 콘텐츠나 가게에 댓글을 달 수 있는 기능, 10만 자까지의 장문을 게시할 수 있는 기능 등 다방면에 이른다. 또한 웨이보에서는 수많은 게임을 즐길 수도 있다.

이렇게 많은 기능을 탑재할 수 있었던 것은 웨이보가 API^Application Programming Interface(앱을 개발하기 위한 인터페이스)를 외부에 공개했기 때문이다. 현재는 수천 기업에 달하는 서드 파티가 웨이보의 새로운 기능을 개발하고 있다.

한 장으로 보는 비즈니스 모델

❖ **주 수익원**
  • 광고료 등

사용자 니즈와 기업의 성장 배경

트위터 사용이 불가능한 중국 국내에서 자신의 생각을 전하거나 유명인과 쉽게 관계를 맺을 수 있는 웨이보는 젊은 세대에게 필수적인 앱이다. 팔로워가 많은 유명인이나 기업 역시 인기를 유지하기 위한 수단으로 웨이보를 적극 활용하고 있다.

방대한 사용자 수에 의해 구축된 웨이보만의 생태계는 'KOL^{Key Opinion Leader}'이라는 인플루언서를 만들어 냈다. 웨이보와 더불어 큰 영향력을 행사하는 KOL의 존재는 기업이 중국에서 마케팅 전략을 짜는 데 꼭 필요한 요소다. KOL과 상품, 서비스를 연결한 마케팅도 활발히 이루어지고 있다.

막대한 정보를 활용하여 거주지, 가족 구성, 수입, 취미, 취향 등을 구체적으로 설정할 수 있어서 보다 치밀한 타깃팅 광고가 가능하다. 거창하지 않아도 게시글 하나로 광고 효과를 볼 수 있는 편리함 역시 웨이보의 큰 특징이다.

세 번의 발전

1	2012년	API 외부 공개로 편리성 및 수익성 향상	API 공개로 다기능화를 실현. 사용자 이탈 방지와 함께 앱 개발자, 콘텐츠 소유자로부터 이익 배분을 받아 수익성이 향상됨.
2	2014년	정보 세분화로 열람 수 대폭 상승	게시 내용을 패션, 주식, 관광, 영화, 자동차, 식품, 미용, 의료, 서비스 등의 각 장르로 자동 세분화하는 알고리즘을 개발. 사용자의 취향에 맞춘 정보 및 광고를 발신.
3	2017년	멀티 채널 네트워크^{MCN} 추진 개시	KOL을 관리하는 여러 기획사에 투자. 웨이보에서 활약하는 차세대 스타 육성 프로젝트를 주도하고 있음.

앱의 주요 기능 및 UI 디자인 특징

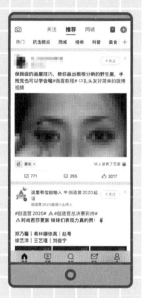

앱 홈 화면

다양한 방식으로
게시물을
올릴 수 있다

관심 있는 주제의
게시물을
검색할 수 있다

특정 지역 관련
게시물을
검색할 수 있다

좋아하는 연예인의
팬들끼리 소통할 수
있는 '슈퍼 토픽' 기능

짧은 동영상을 올릴
수 있는 '쇼트 비디오'
기능

06

전 세계에서 대인기를 끌고 있는 쇼트 비디오 게시 플랫폼

틱톡 (抖音, TikTok)

기업명	**바이트댄스**		
누계 사용자 수		**MAU** (월간 활성 사용자 수)	**서비스 개시 연도**
비공개		**5.1억 명**	**2016년**

[동영상을 보기만 하는 앱이 아니다. 다기능성에도 주목하자]

틱톡은 한국에서도 친숙한 쇼트 비디오 게시 앱이다. 15초의 짧은 동영상과 앱 내에 있는 다양한 음악을 조합하여 누구나 손쉽게 쇼트 비디오 작품을 편집, 게시할 수 있다.

2019년 3월부터 일부 사용자에 한해 5분간의 비교적 긴 동영상을 올릴 수 있게 되었다. 노래하고 춤추는 영상으로 유명하지만, EC 사이트에 링크를 달아 15초 동안 상품을 선전하는 방식으로도 사용되어 많은 기업들이 활용하고 있다.

또한 동영상을 올리고 볼 뿐만 아니라, 같은 관심사를 가진 사용자끼리 커뮤니티를 만들 수도 있으며 큐큐나 위챗, 웨이보에서 친구를 초대하는 기능도 있다. 이러한 기능은 틱톡의 신규 사용자 확보에 큰 공헌을 하고 있다. BAT(바이두, 알리바바, 텐센트)처럼 중국 국내 중심의 비즈니스가 아닌, 적극적으로 해외에 진출하고 있는 점도 큰 특징이다.

한 장으로 보는 비즈니스 모델

❖ 주 수익원

· 광고료 · 수익 배분 등

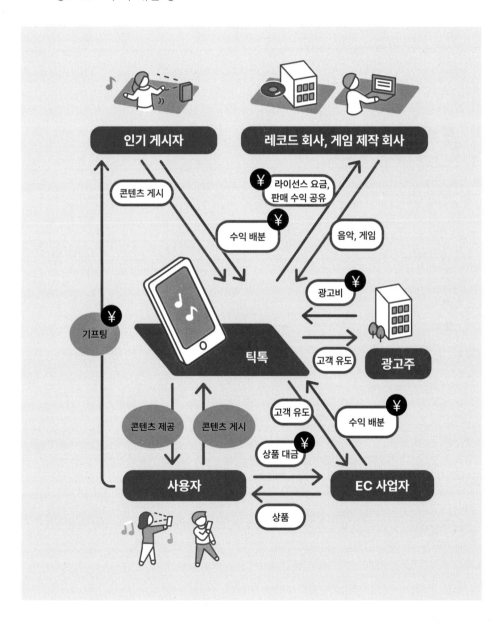

사용자 니즈와 기업의 성장 배경

틱톡의 가장 큰 강점은 짧은 콘텐츠 길이와 풍부한 음원에 있다. 다양한 동영상 서비스가 나오면서 인터넷상에는 콘텐츠가 넘쳐나게 되었고, 콘텐츠당 시청 시간은 점점 줄어들고 있다. 틱톡은 15초라는 짧은 시간 안에 재미가 응축되어 있는 동영상이라는 특징 덕분에 폭발적인 인기를 끌고 있다.

또한 많은 인기 연예인들이 계정을 만들어 팬들과 적극적으로 소통하고 있다. 게다가 팔로우 수나 동영상 재생 횟수에 따라 순위를 매기는 '연예인 인기 랭킹'이 존재해 팬들은 순위를 올리기 위해 동영상을 보거나 '좋아요'를 누르고 공유하는 활동을 적극적으로 하고 있다.

그리고 틱톡은 음악 플랫폼 인수에 더해 매년 수천억 원 규모의 라이선스 요금을 레코드 회사에 지불하여 사용자들이 인기곡을 배경 음악으로 사용할 수 있게 만들었다. 이러한 구조를 활용해 곧 개봉될 예정인 영화 주제곡을 동영상 배경 음악으로 사용하여 영화 인지도를 높이는 기업 마케팅 역시 활발히 이루어지고 있다.

세 번의 발전

1	2017년	인기 연예인을 이용한 인플루언서 마케팅 실시	인기 코미디언이나 배우들이 틱톡 로고가 들어간 공식 동영상을 게시하는 마케팅 실시.
2	2019년	알고리즘 업그레이드	모회사가 운영하는 뉴스 앱 '진르터우탸오(18쪽 참조)'의 알고리즘을 활용하여 정보 추천 정확도와 표시 순위의 공평성을 대폭 향상.
3	2020년	디즈니 부사장을 CEO로 초빙	2020년 5월, 훌루Hulu 인수와 디즈니 플러스를 만들고 미 월트 디즈니사의 차기 사장 후보로 유력시되던 케빈 메이어Kevin Mayer를 CEO로 초빙(취임 3개월 만에 사임).

앱의 주요 기능 및 UI 디자인 특징

앱 홈 화면

다양한 효과와
배경 음악이 마련된
동영상 편집 기능

팔로워끼리 혹은
게시자와 소통할 수
있는 커뮤니티 기능

쇼핑몰에 링크를 걸어
상품을 선전, 판매할 수
있다

해외 브랜드 광고
동영상. 원클릭으로
구매할 수 있다

라이브 채팅에서는
유료 후원도 가능하다

07

小红书

중국의 MZ 세대를 사로잡은 화장품 종합 플랫폼

샤오훙슈 (小红书, Xiaohongshu)

기업명 **신긴** (Xingin)		
누계 사용자 수	MAU (월간 활성 사용자 수)	서비스 개시 연도
3억 명	**1.7억 명**	**2013년**

[
리뷰. EC. SNS 기능을 고루 갖춘
화장품 특화 정보 앱
]

샤오훙슈는 화장품 EC^Electronic Commerce(전자상거래) & 정보 교류 플랫폼이다. '인스타그램Instagram'과 한국의 유명 뷰티앱 '화해Hwahae'를 합친 서비스라고 생각하면 이해하기 쉬울 것이다.

사용자는 SNS 기능을 이용하여 주로 화장품 리뷰와 패션, 쇼핑 정보, 추천 가게 위치 정보 등을 공유한다. 인터페이스는 사진 중심으로, 글보다 이미지가 메인이며 동영상도 올릴 수 있다. 유명인은 물론이고, 인기 사용자가 많아 화장품 회사들은 이러한 게시자에게 협업 의뢰를 하면서 기업 마케팅으로 활용하고 있다.

쇼핑몰 운영도 하고 있어 샤오훙슈 안에 브랜드 입점이 가능하다. 2018년에는 직영 매장을 열었으며 고객 체험과 브랜드 파워 향상에 공헌하고 있다.

한 장으로 보는 비즈니스 모델

❖ 주 수익원

- 쇼핑몰 수익 · 광고료 등

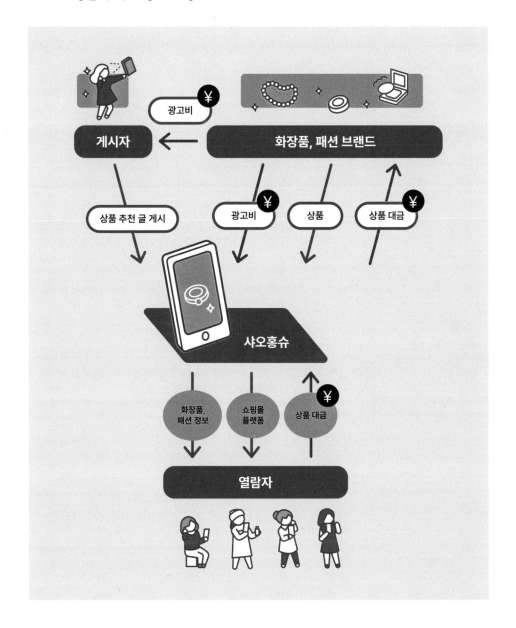

사용자 니즈와 기업의 성장 배경

샤오홍슈의 본질은 쇼핑몰이지만 SNS 플랫폼 제공을 통해 사용자 수를 늘려왔다. 타임라인에는 사용자의 관심사에 맞는 게시물이 표시되어 구매로 이어지기 쉬운 점이 특징이다.

또한 사용자의 위치를 파악하여 근처 음식점, 가게, 이벤트 등과 관련된 게시물 및 광고를 자동 표시하여 사용자의 구매 행동을 유도한다. 미국, 영국, 호주에서도 서비스를 제공하고 있으며, 이들 해외 사용자는 높은 영향력을 행사한다.

쇼핑몰은 일본의 '라쿠텐 시장'이나 한국의 '쿠팡Coupang'처럼 상점이 입점하는 형식이다. 가격 비교가 쉽기 때문에, 사용자는 가장 저렴한 판매점을 골라 상품을 구입할 수 있다. 또한 실제 매장에서는 AR(증강현실) 기술을 이용하여 다양한 화장법을 체험할 수 있으며, 인터넷과 현실을 융합하여 사용자에게 다양한 체험과 편리성, 즐거움을 제공한다.

세 번의 발전

1	2016년	빅 데이터와 AI를 활용한 정보 자동 추천 기능 개발	사용자의 취향, 관심사를 파악하여 게시물, 광고 표시 정확성이 현격히 향상됨.
2	2017년	다양한 해외 브랜드와 제휴	호주의 헬스케어 브랜드 블랙모어스Blackmores, 일본의 화장품 리뷰 플랫폼 앳코스메@cosme 등 여러 브랜드와 전략 제휴 체결. 취급 브랜드가 늘면서 사용자 신뢰성(정품 인증성)을 획득.
3	2018년	매장 '레드홈REDhome' 오픈	온라인 리뷰로 접하던 상품을 실제 매장에서 테스트해볼 수 있게 되어 사용자의 고객 체험 가치 향상.

앱의 주요 기능 및 UI 디자인 특징

앱 홈 화면

상품명을 검색하면
화장품 체험 동영상이
나온다

KOL의 상품 설명
동영상도 볼 수 있다

스토어 페이지 UI

대형 브랜드들이
쇼핑몰 안에 입점되어
있다

화장품 외에도 음식점,
가게 정보, 리뷰 등을
확인할 수 있다

08

知
十周年

지식, 경험을 공유하는 인터넷상의 거대 포럼

즈후 (知乎, Zhihu)

기업명 **즈저 티앤샤** (Zhizhe Tianxia)

누계 사용자 수	MAU (월간 활성 사용자 수)	서비스 개시 연도
2.2억 명	**2,015만 명**	**2011년**

라이브 스트리밍, 세미나 등의 풍부한 기능을 갖춘 '지식인' 서비스 앱

즈후는 궁금한 점을 불특정 다수에게 질문하거나 자신의 지식과 경험, 노하우를 공유하는 네이버의 '지식인'과 같은 서비스다. 기존의 질문과 답변은 장르별로 나뉘어 저장되어 있어 간단히 검색할 수 있다. 마치 인터넷 백과사전처럼 이용하는 사람들도 많아 각종 질문을 총망라한 앱이라는 평가를 받는다.

그 외에도 라이브 스트리밍 기능이나 특정 주제에 대해 논의할 수 있는 기능, 관심 있는 사용자를 팔로우할 수 있는 기능이 있다. 게다가 온라인으로 세미나를 열거나 상품을 판매할 수 있는 기능, 개인이 기사를 작성할 수 있는 기능도 존재한다. 특정 주제에 관심 있는 사람끼리 서클을 만들 수 있는 커뮤니티 기능도 있으며, 커뮤니티 안에서는 퀴즈를 내거나 투표하는 것도 가능하다.

연간 198위안(약 3만 원)을 지불하여 유료 구독 회원이 되면 유명인의 유료 기사나 전자 서적, 잡지를 무제한으로 볼 수 있으며 세미나 수강, 댓글에 사진을 첨부할 수 있는 서비스 등도 이용 가능하다.

한 장으로 보는 비즈니스 모델

❖ 주 수익원

• 구독 수입 • 유료 콘텐츠 이용료 • 광고료 등

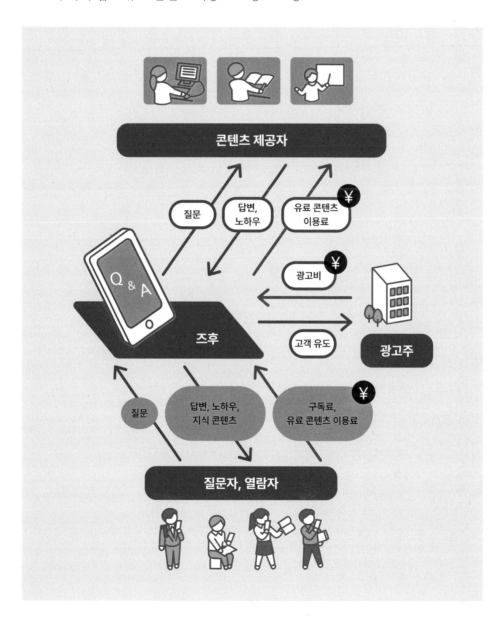

사용자 니즈와 기업의 성장 배경

즈후는 높은 정보 품질로 많은 사용자를 끌어들일 수 있었다. 현재는 누구나 이용할 수 있는 서비스지만 2013년까지는 가입 자격을 갖춘 사람을 초대하는 방식으로 정보와 토론의 질을 높여왔다.

모든 사람에게 서비스를 개방한 이후에도 질문에 대한 답변 품질 순위를 표시하거나 질 낮은 질문, 답변은 비공개로 돌리는 등의 커뮤니티 품질을 유지하기 위한 다양한 대책을 시행하고 있다.

즈후에서는 세계정세, 경제, 비즈니스 등에 관한 질문과 토론이 많이 이루어지고 있으며, 평가가 높은 사용자는 KOL적 존재가 되어 각종 언론에 초청받는 등 유명인 대우를 받는다. 또한 사용자들은 즈후를 궁금한 점을 묻는 Q&A 서비스로 사용할 뿐 아니라 SNS로도 이용하고 있다. 이는 사용자들의 충성도를 높여 이탈을 막는 역할을 한다.

세 번의 발전

1	2013년	'초대 가입제'를 폐지하고 모든 사람에게 개방	사용자 가입 장벽을 낮추면서 1년 동안 가입자 수 40만 명에서 400만 명으로 급성장.
2	2016년	실시간 음성 문답 서비스 개시	라이브 스트리밍 서비스 개시는 큰 반향을 불러일으켜 반년 동안 신규 가입자 수 43만 명을 기록.
3	2019년	유료 회원 서비스 개시	VIP 콘텐츠 등의 유료 회원 전용 콘텐츠 확충. 개시 후 1년 만에 회원 규모가 4배로 성장. 광고 수입에 회원비 수익까지 더한 성장 모델을 확립.

앱의 주요 기능 및 UI 디자인 특징

앱 홈 화면

질문에 답하거나
모르는 점을 질문할 수
있다

동영상을 올릴 수 있는
SNS 기능

질문을 열람하거나
전문가에게 유료로
상담할 수 있다

특정 주제에 대해 여러
사용자와 토론할 수
있다

전자 서적도 구매 가능
하다. 유료 회원에게는
할인이 적용된다

다기능 데이팅 앱

모모(陌陌, MOMO)

기업명 **모모**

누계 사용자 수	MAU (월간 활성 사용자 수)	서비스 개시 연도
비공개	**1.1억 명**	**2011년**

[소개팅 앱과는 일선을 긋는 다양한 기능이 특징]

중국에서는 '업무는 큐큐, 생활은 위챗, 만남은 모모'라고 불릴 정도로 굳건한 자리를 지키고 있는 만남 앱이다. 기본적으로는 무료로 이용할 수 있으며 이른바 '소개팅 앱'과는 일선을 긋는 많은 기능이 특징이다.

모모에는 사용자끼리 일대일로 소통할 수 있는 기능과 1대 다수의 사용자가 소통할 수 있는 기능, SNS처럼 커뮤니티 내에서 소통할 수 있는 기능 등이 존재한다. 젊은 사용자층을 고려하여 야간 이용과 과금을 차단하는 기능도 갖추고 있다.

일대일 매칭 기능인 '점점'은 같은 지역, 시간대에 소통할 수 있는 사람을 찾아 서로 '관심 있음' 버튼을 누르면 소통할 수 있다. 또한 스트리머가 다수의 사용자와 채팅하며 유료 후원을 받는 '생방송'이라는 라이브 채팅 기능이 있어 많은 팔로워를 보유한 인기 스트리머도 등장하고 있다.

유료 서비스에는 다수가 참여하여 대화할 수 있는 파티 기능과 라이브 스트리밍 파티를 시청할 수 있는 기능, 사용자끼리 게임을 통해 교류할 수 있는 기능 등이 있어 보다 다양하게 앱을 즐길 수 있다.

한 장으로 보는 비즈니스 모델

❖ **주 수익원**

　·구독 수입　·수익 배분 등

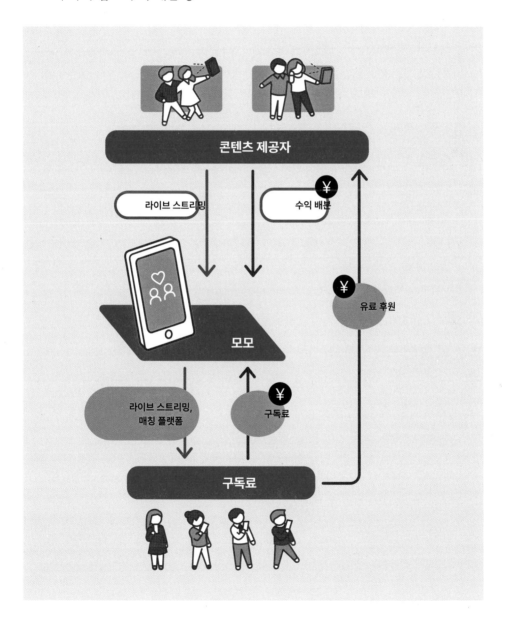

사용자 니즈와 기업의 성장 배경

모모의 성장 근원은 사용자끼리 위치 정보를 공유하여 근처에 있는 사람들과 교류할 수 있는 점에 있다. 원터치로 주변 사람들과 교류할 수 있는 편리함은 30대 남녀 사용자들을 끌어들였고, 2012년에는 애플Apple 앱스토어App Store에서 '최고의 앱 Top 20'으로 선정될 만큼 큰 인기를 끌었다.

현재 모모의 라이브 기능에는 사용자 한 명이 진행하는 라이브 방송뿐 아니라 여러 사람이 모여 파티를 열 수 있는 '영상 파티', '음성 파티' 등의 다양한 기능이 있다. 모모는 이른 시점부터 라이브 방송의 성장 가능성에 주목했고, 기능을 확충하거나 유명 배우를 섭외하여 라이브 방송 이벤트를 여는 등의 적극적인 마케팅을 실시해 회원 수를 늘려왔다.

또한 빅 데이터를 이용해 거주 지역, 접속 시간대, 성별, 사용 단말기 유형 등의 타깃에 맞는 광고를 표시하는 RTBReal-Time Bidding(실시간 입찰) 광고 시스템 역시 모모의 큰 강점이다.

세 번의 발전

1	2014년	나스닥 상장	2.16억 달러(약 2,200억 원) 분의 주식을 미국 시장에 공개. 2020년 11월 현재 시가 총액은 약 32억 달러(약 3조 3,000억 원)에 달함.
2	2016년	라이브 방송 기능 추가	기능을 추가한 해에 이 사업만으로 약 26억 위안(약 4,200억 원)의 매출을 올렸으며, 당시 중국에서는 가장 수익성이 높은 라이브 방송 플랫폼으로 떠오름.
3	2018년	대형 만남 앱 '탄탄Tantan'의 완전 자회사화	매칭 사업 강화를 위해 1.1억 명(약 75%가 90년대생)의 사용자를 보유한 인기 만남 앱인 '탄탄'을 완전 자회사화. 이에 따라 90년대생의 젊은 사용자층을 대량 확보.

앱의 주요 기능 및 UI 디자인 특징

앱 홈 화면

화면을 넘기며
'좋아요'를
누를 수 있다

라이브 방송 기능.
춤, 운동 등의 다양한
카테고리가 존재한다

상대방과 교류하기
위한 다양한 게임이
준비되어 있다

다른 사용자와
소통하며 즐길 수 있는
농장 게임

채팅방에서는 노래방,
게임 등의 기능을
이용해 소통할 수 있다

2000년대에 들어선 후부터 지금까지 중국의 IT 기업은 검색 엔진의 '바이두Baidu'와 EC 사업의 '알리바바', 게임과 메신저 서비스의 '텐센트'의 3대 기업이 견인 역할을 해왔다. 이 3사의 알파벳 머리글자를 따서 'BAT'이라고 부른다. 그런데 최근 수년간 새로운 강자가 등장하기 시작하면서 업계의 판도가 바뀌고 있다.

특히 성장세가 가파른 곳은 뉴스 사이트의 '진르터우탸오(18쪽 참조)', 음식 배달과 예약 서비스의 '메이퇀Meituan(72쪽 참조)', 배차 서비스의 '디디추싱DiDi(156쪽 참조)'의 3 사다. 이들은 'TMD'라고 불리는 중국 IT업계의 삼총사다.

이외에도 EC 서비스의 '징둥닷컴JD.com(미게재)'과 소셜 EC의 '핀둬둬Pinduoduo(120 쪽 참조)', IoT 서비스의 '샤오미Xiaomi(미게재)' 등도 성장에 더욱 박차를 가하고 있다. 수년 전까지 중국 대형 IT 기업의 대명사였던 BAT도 더 이상 긴장을 놓을 수 없게 된 것이다.

이처럼 중국에서는 우수한 사업가가 IT 기업을 계속해서 설립하고 있고, 놀라운 속도로 선택과 도태가 일어나고 있다. 각 기업은 언제나 치열한 경쟁을 벌여야 하는 상황에 놓여 있는 것이다. 그러나 이러한 경쟁이야말로 업계의 신진대사를 촉진하고, IT업계 성장의 커다란 원동력이 된다.

실제로 검색 엔진 분야에서 80% 이상의 점유율을 자랑하던 바이두의 시가 총액은 하락세를 보이고 있다. 투자자들은 더 이상 경쟁할 상대가 없기 때문에 앞으로 성장하는 데 한계가 있을 것이라고 판단했기 때문이다. 속도와 경쟁은 중국의 온라인 비즈니스의 진화를 촉진할 수 있는 중요한 요소다.

제2장

생활

일상의 효율을 극대화하다

10

중국 최대 소비자 리뷰 서비스

다중뎬핑(大众点评, Dianping)

기업명 **뎬핑 홀딩스** (Dianping Holdings)

누계 사용자 수	MAU (월간 활성 사용자 수)	서비스 개시 연도
6억 명	**1.5억 명**	**2003년**

[풍부한 콘텐츠를 갖춘 중국의 생활 필수 앱]

다중뎬핑은 음식점, 호텔, 영화, 미용, 결혼식장, 여행, 음식 배달, 학원 등 세상에 존재하는 모든 서비스에 대해 후기를 올리거나 볼 수 있는 앱이다. 또한 예약 및 결제, 쿠폰 받기, 구매, 전자 회원 카드 발행과 같은 생활과 관련된 대부분의 일을 하나의 앱으로 처리할 수 있다.

SNS 기능에는 많은 커뮤니티가 존재한다. 좋아하는 사람을 팔로우하거나 '좋아요'를 누르는 등의 일반적인 SNS와 동일한 기능을 갖추고 있다.

2015년에는 경쟁 기업인 메이퇀과 합병했고 이에 따라 다중뎬핑은 타의 추종을 불허하는 엄청난 양의 고객 데이터를 입수하게 되었다. 이를 무기로 사용자와 기업의 이탈을 막고, 시장 점유율 80%를 자랑하는 중국의 생활 필수 O2O^Online to Offline 서비스가 되었다. 한편 다중뎬핑은 해외 진출에도 적극적이며 일본을 비롯한 165개국 지역에서 서비스를 제공하고 있다.

한 장으로 보는 비즈니스 모델

❖ **주 수익원**

　　· 이용료　· 광고료

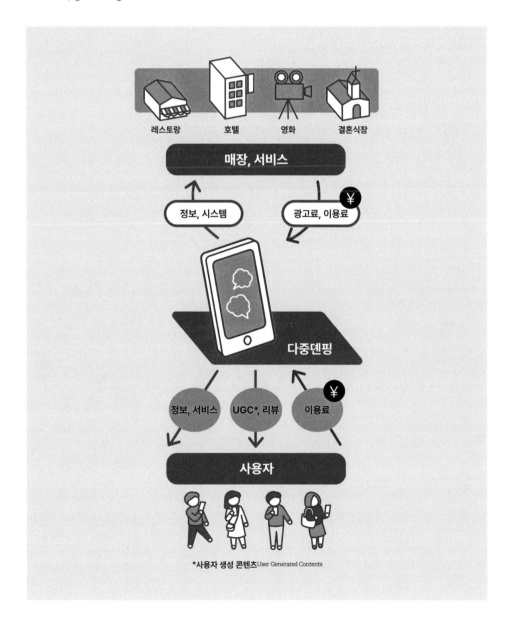

*사용자 생성 **콘텐츠**User Generated Contents

사용자 니즈와 기업의 성장 배경

중국인은 미디어를 통한 정보보다 후기를 중시하는 경향이 있다. 게다가 인터넷 환경과 기기의 급격한 발전이 더해지면서 스마트폰만으로 생활이 가능한 사회가 되었고, 이에 따라 사용자 수도 폭발적으로 늘기 시작했다.

이러한 변화는 다중뎬핑에 정보를 제공하는 기업 측에도 큰 이점으로 다가왔다. 특히 중국의 요식업계는 생활 서비스 업계 중에서도 인터넷화가 상당히 진행된 상태로, 온라인과 오프라인의 일체화가 당연한 상황이다.

따라서 기업 측면에서는 소비자 데이터를 비롯한 사용자와 관련된 다양한 정보를 입수할 수 있게 되었고, 이에 따라 더욱 효과적인 마케팅을 시행할 수 있게 되었다. 다중뎬핑이 오랜 시간 동안 쌓아온 대량의 데이터는 소비자를 불러들이는 역할과 함께 기업 측에서도 없어서는 안 되는 자산인 것이다.

다중뎬핑은 음식점뿐 아니라 결혼식장과 인테리어 업체 등 다양한 서비스의 후기 데이터를 가지고 있다. 이들 서비스의 이용 빈도는 낮은 편이지만, 같은 플랫폼 안에서 취급함으로써 이용률과 수익을 올리고 있다.

한편 다중뎬핑에는 외국 가게들의 후기도 존재한다. 음식점과 숙박 시설 등 중국인 관광객을 유치하고자 하는 한국이나 일본의 사업자들에게도 매우 중요한 서비스가 될 것이다.

주요 자금 조달

조달 라운드	조달 시점	조달 총액	투자자
합병	2015년	–	메이퇀
E 라운드 이후	2015년	8.5억 달러 (약 8,810억 원)	푸싱 그룹Fosun Group / 테마섹TEMASEK / 완다 그룹Wanda Group / 샤오미 / 싱가포르 투자청GIC / 텐센트 캐피털
E 라운드	2014년	비공개	차이나 브로드밴드 캐피털China Broadband Capital / 그릿벤처스Grit Ventures
D 라운드	2012년	6,400만 달러 (약 660억 원)	세콰이어 차이나Sequoia China / 캐피털 투데이Capiatl Today(중국) / 치어뷰 투자CHEER VIEW INVESTMENT
C 라운드	2008년	1억 달러 (약 1,040억 원)	세콰이어 차이나 / 치밍 벤처 파트너스Qiming Venture Partners / 싸이존Cyzone / 라이트스피드 차이나 파트너스Lightspeed China Partners
B 라운드	2007년	2,500만 달러 (약 260억 원)	세콰이어 차이나
A 라운드	2006년	200만 달러 (약 21억 원)	세콰이어 차이나

세 번의 발전

1	2005년	회원 카드 발행	자사 회원 카드 발행. 회원은 다중뎬핑의 제휴 업체에 카드를 제시하면 혜택을 받을 수 있음.
2	2010년	모바일 인터넷 사업으로 전환	광고 사업에서 벗어나 공동 구매 등을 비롯한 로컬 라이프 서비스 분야로 진출.
3	2015년	메이퇀과 합병	메이퇀과의 합병으로 1,700억 위안(약 27조 5천억 원)의 신규 거래액 확보.

앱의 주요 기능 및 UI 디자인 특징

앱 홈 화면.
한눈에 알아보기
쉬운 UI로
원하는 기능을
바로 찾아
이용할 수 있다

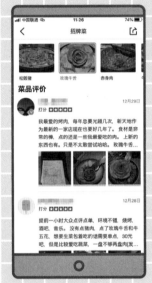

각 음식점
페이지에는
메뉴, 지도,
쿠폰, 후기 등이
게재되어 있다

음식점 무료
식사권 추첨
이벤트가 인기.
가게들은 PR,
후기 획득,
모객을 위해
이벤트를
개최한다

음식점뿐 아니라
각종 상업 시설
정보도 검색할
수 있다. 시설
내의 음식점,
매장, 층별 안내,
주변 주차장
등의 다양한
정보가 게시되어
있다

도시를 지정하면 현지 사람들에게 인기 있는 음식점이나 관광지를 찾을 수 있다. 예약 외에도 웨이보, 큐큐, 위챗에 공유할 수도 있다

중국 국내뿐 아니라 세계 각지의 음식점과 관광지 예약, 정보 검색도 중국 국내와 동일한 UI로 이용 가능하다

'메이퇀'의 음식 배달 및 배차, '마오옌Maoyan'의 티켓 예약 등의 서비스를 다중뎬핑 앱에서 이용할 수 있다(이미지는 메이퇀의 배달 서비스)

커뮤니티 기능도 충실하여 사용자 정착에 큰 역할을 한다. 팔로우와 댓글, '좋아요' 등 일반적인 SNS와 동일한 기능을 갖추고 있다

11

리엔지아 (链家, Lianjia)

기업명 **베이타통** (Beitatong)

누계 사용자 수	MAU (월간 활성 사용자 수)	서비스 개시 연도
3천만 명	**549만 명**	**2001년**

임대, 매매뿐 아니라 대출 신청과
이삿짐센터 예약까지

중국의 최대 부동산 중개 서비스. 한국의 '직방'과 흡사한 앱이다. 운영 회사가 부동산 업자기 때문에 원스톱으로 거래가 가능한 점이 특징이다. 개인 주거용 임대, 매매뿐 아니라 매장, 사무실, 해외 부동산도 거래할 수 있다.

사용이 편리한 UI도 리엔지아의 인기 비결 중 하나이다. 집 내부는 VR과 온라인 통화를 이용해 앱 내에서 확인 가능하며, 주택 담보 대출을 비롯한 리모델링, 이삿짐센터 예약 등의 서비스도 앱에서 이용할 수 있다. 실제 공인 중개 사무소도 있어서 앱에서 예약한 후 현지에서 집 내부 등을 수월하게 확인할 수 있다. 궁금한 점은 채팅을 통해 질문할 수 있는 점도 특징이다.

리엔지아는 '매물이 실제로 존재한다' '실제로 매매 중이다' '올바른 가격을 제시한다' '이미지 사진, 가공을 거치지 않은 사진을 게시한다'는 4가지 모토를 바탕으로 정직하고 풍부한 정보를 제공하여 사용자들의 신뢰를 얻고 있다.

한 장으로 보는 비즈니스 모델

❖ 주 수익원

· 주택 매매 수수료 · 임대 수수료 · 주택 담보 대출 이자 수입 등

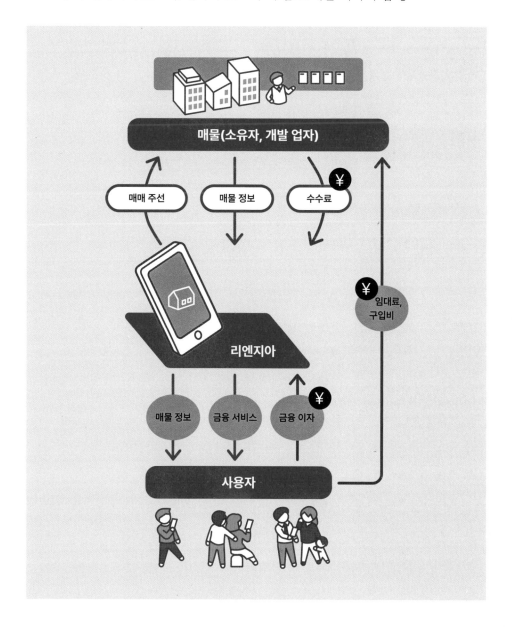

앱의 주요 기능 및 UI 디자인 특징

앱 홈 화면

홈 화면에서
도시를 입력하면
더 상세한 기능
선택 화면이
표시된다

매물 소개 화면.
건물 내부
사진뿐 아니라
주변 환경,
세금 등의 상세
정보도 확인
가능하다

온라인으로
중개업자의
설명을 들으면서
VR로 내부를
볼 수 있는 'VR
음성 시청'
서비스

중국 국내뿐
아니라 해외
매물의 상세
정보도 검색할
수 있다.
온라인으로
중개업자에게
상담도 가능하다

부동산과 관련된
지식을 얻을 수
있는 칼럼과
뉴스

날짜, 이사 장소,
차량 종류 등을
입력하면 견적을
확인할 수 있는
이삿짐센터
서비스

부분 및 전체
리모델링, 설계
견적을 받거나
의뢰할 수
있는 리모델링
서비스.
디자이너도
지정이 가능하다

12

58

중국을 대표하는 생활정보 플랫폼

58퉁청 (58同城, 58.com)

기업명 58간지 (58Ganji)

누계 사용자 수	MAU (월간 활성 사용자 수)	서비스 개시 연도
5.8억 명	**6,489만 명**	**2011년**

[구직, 중고 물품 매매, 부동산 거래……. 무엇이든 할 수 있는 거대 게시판]

'58퉁청'은 지역의 다양한 서비스를 검색, 이용할 수 있는 종합 생활 정보 앱이다. 거주 지역을 설정하기만 하면 구직, 집 찾기, 자동차와 부동산 매매, 집수리, 가사 대행, 결혼 등 생활과 관련된 모든 서비스를 검색, 예약, 이용, 결제할 수 있다.

거주하고 있는 지역의 여러 서비스를 하나의 앱 안에서 해결할 수 있다는 편리함에 많은 사람들이 이용하고 있다. 또한 '구인 정보'나 '친구 찾기', '소개팅' 등의 카테고리로 나뉜 커뮤니티 기능도 존재해 사용자끼리 소통이 가능하다.

이처럼 목적, 지역에 따라 분류된 광고를 '안내 광고classified advertising'라고 하는데, 58퉁청은 이 분야의 중국 최대 서비스다. 2015년에는 같은 안내 광고 회사인 '간지닷컴Ganji.com'을 인수하여 시가 총액 10조 원(당시)이 넘는 기업으로 성장했다.

한 장으로 보는 비즈니스 모델

❖ **주 수익원**

· 광고료 · 회원비 등

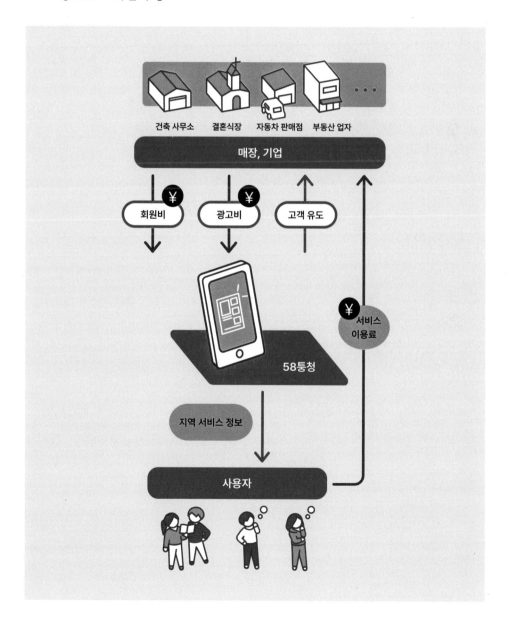

사용자 니즈와 기업의 성장 배경

58퉁청의 강점은 방대한 정보량과 지역 밀착형 비즈니스 모델이다. 집수리, 결혼 등과 같은 이용 빈도가 비교적 낮은 서비스를 넣으면 오히려 효율이 나쁠 수 있지만, 이러한 서비스까지 모두 수익화하면서 매출을 최대한으로 끌어올리고 있다. 또한 이용 가능한 서비스의 폭이 넓어 사용자 이탈을 막는 데도 효과적이다.

58퉁청은 지역 내의 정보를 지역 사람들이 활용하는 비즈니스 모델을 갖추고 있다. 500개 도시에 달하는 지역을 관리하고 있으며, 각 도시의 중소기업이 자사 서비스를 홍보하기 위해 없어서는 안 될 플랫폼이다. 58퉁청은 이러한 지역 밀착형 비즈니스 모델로 성장했다고 해도 과언이 아니다.

세 번의 발전

1	2011년	TV 광고 개시	중국 인기 배우 양미楊冪를 기용하여 TV 광고를 시작하면서 중국 국내에서 브랜드 이미지가 대폭 향상.
2	2013년	미국 정식 상장	뉴욕 시장에 상장. 최종 발행 가격은 1ADS^{American} Depositary Shares(미국 주식 예탁 증권) 당 17달러, 시가는 21달러로 첫날 종가는 42%로 급등(2020년 미국 투자 그룹에 인수되어 비공개화).
3	2015년	경쟁 기업 간지닷컴 인수	4억 1,220만 달러(약 4,300억 원)와 3,400만 주의 신주 발행에 따라 동종 업계 경쟁 기업인 간지닷컴을 인수. 이에 따라 과도한 할인 프로모션 등의 경쟁에서 벗어나며 수익이 안정화.

앱의 주요 기능 및 UI 디자인 특징

앱 홈 화면

구인 정보에서는
지도로 통근 시간도
검색할 수 있다

앱에서 이력서를
작성하여 기업에 보낼
수도 있다

청소와 배달 등의
다양한 방문 서비스

운전 대행 예약 서비스.
수많은 회사 중에서
고를 수 있다

관심 있는 카테고리를
골라 참여할 수 있는
SNS 기능

13

美团
干啥都省钱

공동 구매 서비스로 시작해 슈퍼 앱으로 성장

메이퇀 (美团, Meituan)

기업명 **메이퇀 뎬핑** (MEITUAN DIANPING)

누계 사용자 수	MAU (월간 활성 사용자 수)	서비스 개시 연도
4.6억 명	**1.6억 명**	**2011년**

[중국 최대 O2O 플랫폼]

메이퇀은 중국의 첫 공동 구매형 쿠폰 서비스(미국의 '그루폰Groupon'과 흡사한 서비스)로
시작했다. 현재는 쇼핑몰, 리뷰, 영화 및 호텔 예약, 음식 배달, 공유 숙박vacation rental
배차, 카 셰어링 등의 폭넓은 서비스를 제공하는 중국 최대 O2O 플랫폼이 되었다.

2015년에는 '다중뎬핑'과 합병하면서 메이퇀도 다중뎬핑과 동일한 서비스를 제
공하게 되었다. 수많은 기능 중에서도 음식 배달 서비스는 중국에서 점유율이 가장
높으며, 여행과 영화 예약도 높은 점유율을 자랑하는 것이 특징이다.

또한 메이퇀은 로봇과 드론을 이용한 무인 배송 연구를 진행하고 있으며, 2020
년에는 코로나바이러스로 인한 사회적 거리두기로 택배 로봇을 이용한 생활용품 비
접촉 배달 서비스를 개시하여 전 세계로부터 주목을 받은 바 있다.

한 장으로 보는 비즈니스 모델

❖ **주 수익원**

  · 광고료 · 구독 수입 등

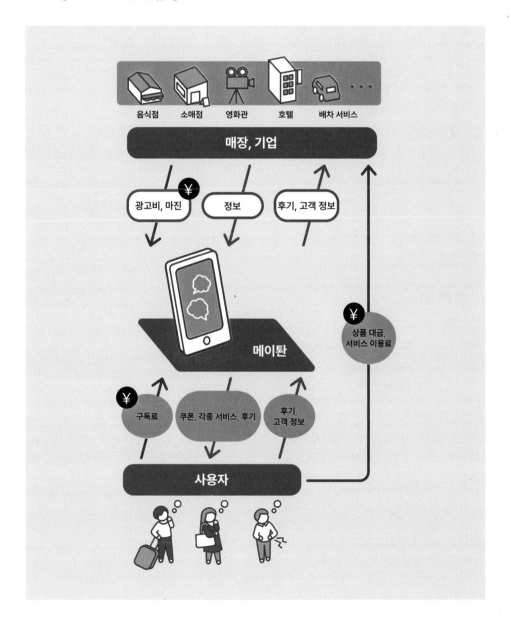

음식점 소매점 영화관 호텔 배차 서비스 · · ·

매장, 기업

광고비, 마진　정보　후기, 고객 정보

메이퇀

구독료　쿠폰, 각종 서비스, 후기　후기, 고객 정보

상품 대금, 서비스 이용료

사용자

사용자 니즈와 기업의 성장 배경

수많은 앱이 혼재하는 가운데, 여러 앱의 기능을 하나의 앱에서 이용할 수 있는 메이퇀은 사용자 편의성을 크게 향상시켰다. 쿠폰 앱에서 탈피하여 O2O 플랫폼으로 전환한 비즈니스 모델은 메이퇀의 성장의 초석이 되었다고 할 수 있다.

또한 2015년에는 다중뎬핑과 합병하면서 메이퇀도 크게 성장했고, 2020년 현재는 사용자 수가 4억 6만 명을 넘어서고 있다. 합병 이후에도 자전거 공유 서비스 '모바이크Mobike(152쪽 참조)'를 인수하는 등 사업 확장을 이어나가고 있다.

2020년에는 코로나바이러스로 인한 사회적 거리두기로 음식 배달과 쇼핑몰 수요가 점점 증가해 앱 내 슈퍼마켓에 주문이 쇄도했다. 쌀, 면, 곡물류, 조미료, 청과, 과자류 등의 판매는 전년 동기 대비 400%(2020년 1월 26일~2월 8일)나 늘었다. 또한 같은 해에 시가 총액 1억 달러(약 100조 원)를 넘기며 중국 IT 기업 3위로 도약했다.

세 번의 발전

1	2013년	쿠폰 서비스에서 O2O 플랫폼으로 사업 전환	첫 O2O 서비스로 음식점, 호텔 예약 기능을 개시. 2017년에는 메이퇀을 통한 호텔 예약 수가 중국 최대 숙박 예약 서비스 씨트립Ctrip(248쪽 참조) 넘어서게 됨.
2	2015년	다중뎬핑과 합병	이 합병으로 메이퇀은 중국 4위의 시가 총액(현재는 3위) IT 기업으로 도약.
3	2018년	홍콩증권거래소 상장	상장 직후 시초가보다 5.7% 급상승하며 시가 총액 4천억 홍콩 달러(약 54조 원)를 넘어섬.

앱의 주요 기능 및 UI 디자인 특징

앱 홈 화면

버블티 한 잔만 주문해도
배달해 주는 음식 배달
서비스

음식점 정보에는
다중뎬핑 후기도
표시된다

지도 화면에서 간단히
택시를 부를 수도 있다

세계 각국의 호텔,
항공권, 철도 티켓 예매도
가능

매장 경영자에게
비즈니스 지식을
제공하는 '메이퇀 대학'

14

중국판 '우버이츠Uber Eats'

어러머 (饿了么, Elema)

기업명 **라자쉬** (Lazhasi)

누계 사용자 수	MAU (월간 활성 사용자 수)	서비스 개시 연도
2.6억 명	**8,900만 명**	**2009년**

음식 배달뿐 아니라 장보기 대행도 의뢰할 수 있는 편리함이 강점

어러머는 2009년에 학생 경영인이 창업한 음식 배달 서비스다. 2012년에 앱을 출시했고, 2017년에는 알리바바가 95억 달러(약 10조 원)에 인수했다.

어러머의 특징은 음식 배달 서비스뿐 아니라 슈퍼마켓이나 청과점, 편의점 등의 장보기 대행(편의점 삼각김밥 한 개도 배달 가능)과 전문의에게 처방받은 약 배송 등의 다양한 서비스를 제공하는 데 있다.

그 외에도 친구와 함께 상품을 구매하면 할인해 주는 서비스, 점심이나 저녁 시간을 알려주는 서비스도 있다. 또 도수 치료나 마사지, 노래방, 스포츠 센터 등의 오락 시설 검색, 후기 확인, 단체 할인과 같은 음식 배달 외의 기능도 풍부하다.

유료 회원(월 6위안: 약 1,000원)은 할인 쿠폰과 포인트를 받을 수 있고, 회원 한정 상품 구매와 회원 전용 센터도 이용이 가능하다.

한 장으로 보는 비즈니스 모델

❖ **주 수익원**

· 출점료 · 광고료 · 수익 배분 · 구독 수입 등

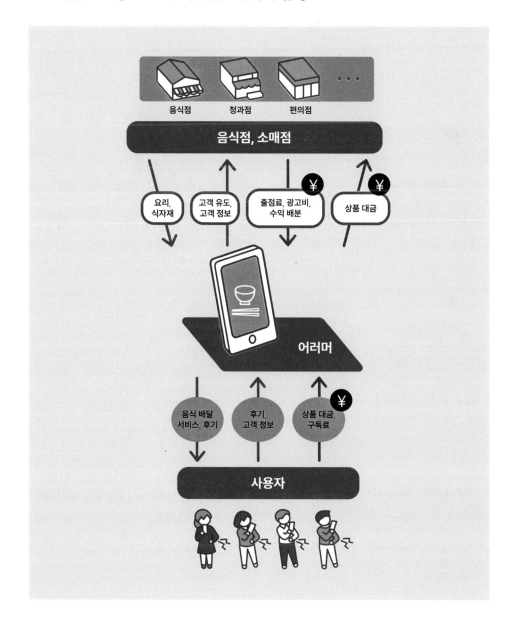

사용자 니즈와 기업의 성장 배경

중국에서는 수많은 기업이 택배 서비스에 뛰어들어 고객, 배달원 쟁탈전이 일어나고 있다. 어러머는 배달원의 위치 정보를 실시간으로 표시하여 배송까지의 모든 과정을 파악할 수 있다. 또한 온라인, 전화를 통한 고객 대응, 원클릭 환불 기능 등 안심하고 이용할 수 있는 서비스를 확립해 왔다.

배달원은 파트타임 또는 풀타임으로 일할 수 있으며, 주문 수에 따라 보험에 가입할 수 있다. 또 보너스 지급 등의 높은 대우로 배달원 수 확보에 나섰다. 배달원 직업 체험이 가능한 게임도 존재하며, 앱을 통해 이력서를 낼 수도 있어 일을 시작하기에 편리한 시스템을 만들어 놓았다.

이외에도 빅 데이터를 활용한 음식점 대상 신선식품 배달 사업과 자택 이외의 장소에서 주문한 요리를 보온, 보냉 기능이 있는 택배 상자에 받아볼 수 있는 서비스, 드론을 이용한 무인 배달 시험 서비스 등 물류 분야의 개선을 꾀하고 있다.

세 번의 발전

1	2012년	온라인 결제 기능 출시	앱에서 직접 결제할 수 있게 되어 배달원과 돈을 주고받을 필요가 없어지면서 편의성이 급격히 향상됨.
2	2018년	신선식품 마켓 플레이스 출시	음식 배달 서비스에 이어 신선식품 배달도 개시. 서비스 개시 후 3개월 만에 1일 거래액 400만 위안(약 6억 4,000만 원)을 기록.
3	2018년	드론 배달 시험적 개시	일부 지역에서 드론을 이용한 무인 배달 서비스 실시. 2021년 기준, 상하이에서 운용되고 있으며 무인 택배 로봇 개발 등의 배달 무인화에도 총력을 기울이고 있음.

앱의 주요 기능 및 UI 디자인 특징

앱 홈 화면

분류가 세분화되어
있어 먹고 싶은 음식을
바로 찾을 수 있다

배달원의 위치를
실시간으로 파악할 수
있어 안심

음식점 후기 동영상과
PR 영상을 게시,
열람할 수 있다

약 배달 기능은 의사와
채팅으로 상담이
가능하다

배달원 확보의
일환으로 직업 체험
게임도 제공

15

自如

집 내부 확인부터 월세까지 낼 수 있는 부동산 임대 앱

쯔루 (自如, Ziroom)

기업명 **쯔루**		
누계 사용자 수 **300만 명**	MAU (월간 활성 사용자 수) **53만 명**	서비스 개시 연도 **2011년**

[앱 기능뿐 아니라 한 장으로 보는 비즈니스 모델에도 주목]

쯔루는 당사가 운영하는 아파트, 셰어 하우스, 학생 기숙사 등의 임대 매물을 검색, 계약할 수 있는 앱이다. 더불어 쇼핑몰 서비스를 통해 사용자가 앱에서 가구, 가전 등을 구매할 수 있게 하였다. 이삿짐, 청소, 수리 예약 등의 서비스도 함께 제공하여 이사할 때의 편의성을 높였다.

매물 게시물에는 소개 영상이 같이 올라와 있어 사용자가 직접 집을 보러 가지 않아도 상태, 구조 등을 파악할 수 있으며 온라인상에서 계약도 가능하다. 월세, 수도 광열비 납부, 각종 문제에 대한 상담도 앱에서 이용할 수 있다.

쯔루의 비즈니스 모델은 토지 소유자에게 자사 브랜드 아파트 건설을 제안하여 수익을 올리는 방법과 자사 채권을 발행, 부동산을 담보로 하여 투자자로부터 자금을 조달받는 방식이다. 이러한 비즈니스 모델은 하버드 비즈니스 스쿨에서 케이스 스터디로 다루어지기도 했다.

한 장으로 보는 비즈니스 모델

❖ **주 수익원**

　　・월세 수입　・각종 서비스 이용료 등

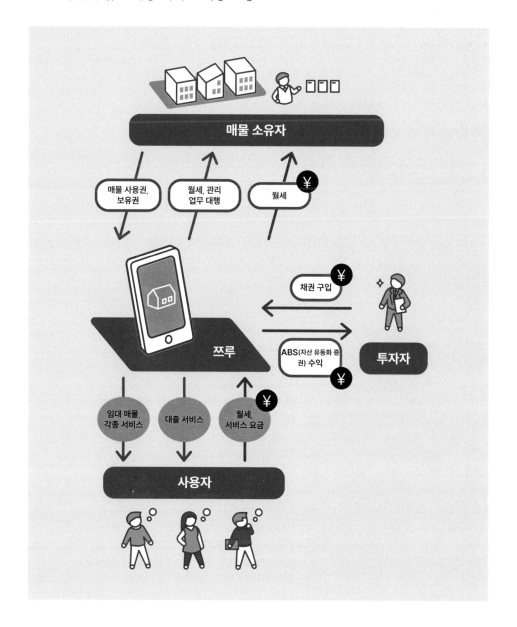

사용자 니즈와 기업의 성장 배경

본래부터 중국은 임대 매물이 적은 데다 보안 문제, 부당하게 높은 보증금, 매물의 낮은 질 등의 문제를 안고 있어 대도시에서 일하는 직장인이나 학생들이 살 곳을 마련하기가 쉽지 않은 환경이다. 이 때문에 학생과 사회 초년생들의 대부분은 기숙사나 셰어 하우스에 살고 있으며, 소형 아파트에 대한 니즈가 크다.

쯔루는 계약한 방이 마음에 들지 않으면 3일 이내에 매물을 변경할 수 있고, 문제가 발생했을 때는 언제든지 온라인으로 관리인에게 연락할 수 있어 안심하고 이용이 가능하다.

또한 청결하고 안전하며 장기간 임대할 수 있는 자사 브랜드 매물을 중국 내에서도 가장 니즈가 높은 9개 대도시에 제공하고 있으며, 젊은 층을 중심으로 한 300만 명의 사용자와 50만 명의 임대인을 보유하고 있다.

2018년에는 텐센트로부터 6천억 원 이상, 2020년에는 소프트뱅크 비전 펀드로부터 약 5,270억 원의 융자금도 획득했다.

세 번의 발전

1	2015년	개인 신용 평가 시스템 확립	계약 이행 이력, 행동 이력, 외부 신용점수 등에 기반한 임차인 신용 평가 시스템 도입. 점수가 높은 임차인의 보증금을 면제해주는 조건으로 신뢰도가 높은 사용자를 확보하는 데 성공.
2	2018년	월세, 관리비 선지불 권장	사용자에게 월세 및 관리비 선지불을 권장하여 자금 융통을 개선. 선지불한 사용자는 당사 신용점수가 높아지는 구조.
3	2019년	대기업 9개사와 대학 졸업생 대상 대규모 캠페인 실시	배차 서비스의 디디추싱, 텐센트, 메이퇀 등의 9개사와 연계하여 1,400개 대학에서 보증금과 첫 월세를 무료로 제공하는 캠페인을 실시, 약 470억 원의 보증금을 면제해주면서 많은 신규 사용자를 확보.

앱의 주요 기능 및 UI 디자인 특징

앱 홈 화면

모든 매물은 내부
동영상을 확인할 수
있다

월세뿐 아니라 수도
광열비도 앱에서 지불
가능하다

문제가 있을 때도 앱을
통해 연락을 취할 수
있다

쇼핑몰에서는 가구,
가전, 생활용품을
구매할 수 있다

임차인뿐 아니라
임대인을 위한 기능도
충실하다

16

轻氧

중국 최초의 스마트 세탁 서비스

칭양

(轻氧洗衣, O.Young)

기업명 헬로 베이비 (Hello Baby)

누계 사용자 수	MAU (월간 활성 사용자 수)	서비스 개시 연도
비공개	**100만 명**	**2016년**

[단순한 빨래방이 아니다! 충실한 서비스가 강점]

칭양은 세탁 서비스를 이용할 수 있는 앱이다. 서비스 내용은 주로 '①상점과 비즈니스 호텔에 설치된 세탁기 이용', '②편의점이나 아파트 단지, 대학 등에 있는 스마트 클로젯에 세탁물을 넣어 앱에서 세탁 방식을 지정하면 당사 공장에서 세탁 후 원래 위치에 가져다 놓는 택배 세탁'의 두 종류다.

세탁기나 보관함에 있는 QR 코드로 접속해 세탁 방식을 지정, 결제하기만 하면 간단히 이용할 수 있다. 세탁 진행 상황을 확인하거나 기계가 고장 났을 때 신고할 수 있는 기능도 있다.

칭양은 편리함과 함께 높은 품질과 낮은 가격을 무기로 내세우고 있다. 또한 독일 고급 가전 브랜드인 '밀레Miele'와 제휴하여 일반적인 시설 투자의 5배 이상을 들여 세탁 공장에 밀레 설비를 도입했다. 칭양은 이러한 방식으로 높은 품질의 서비스를 제공하는 한편, 실제 매장을 내지 않고 기계화로 공장 인건비를 삭감하여 기존의 절반 정도 금액으로 서비스를 제공하고 있다.

한 장으로 보는 비즈니스 모델

❖ **주 수익원**

　　• 세탁 이용료　• 세탁기 이용료

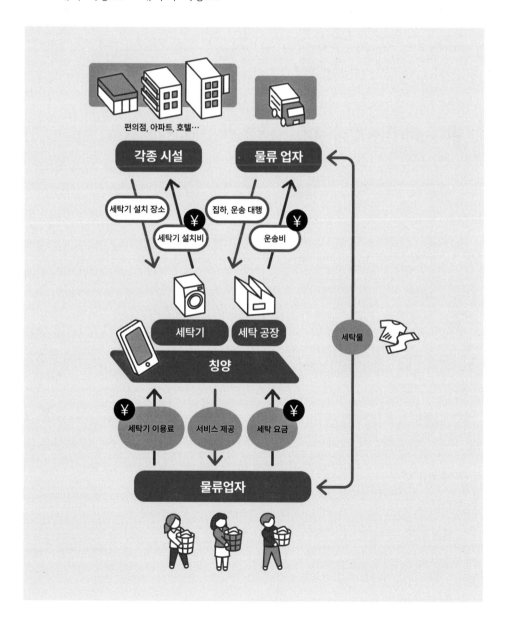

사용자 니즈와 기업의 성장 배경

중국에서는 의식주 중 '식'과 '주'와 관련된 서비스는 경쟁이 치열하지만 '의' 중에서도 특히 세탁 업계는 전통적인 매장이 대부분이기 때문에 대기업이나 온라인 서비스가 존재하지 않는 블루 오션 상태였다.

이러한 상황 속에서 칭양은 학생과 젊은 독신 비즈니스 퍼슨을 타깃으로 '스마트 세탁'이라는 새로운 서비스를 제공하며 성장했다. 2017년 9월에 정식으로 서비스를 개시하면서 약 3개월 만에 총 주문량 100만 벌을 돌파했다.

현재는 법인과 조직을 대상으로 한 교복, 유니폼 등의 단체 주문 서비스를 시행하며 사업을 확대해 나가고 있다. 당사의 성장 가능성을 본 가전 브랜드 하이얼Haier과 안내 광고 서비스 58퉁청, 투자 회사 IDC 등에게 총 1억 위안(약 160억 원)의 융자를 받는 데 성공했다.

세 번의 발전

1	2018년	하이얼, 58퉁청, IDC 등에 의한 융자	1월에는 IDC 등으로부터 735만 달러(약 76억 원), 7월에는 하이얼과 58퉁청으로부터 809만 달러(약 84억 원)의 총합 약 160억 원의 융자를 받음.
2	2018년	스마트 클로젯 설치 개시	대학 내에 세탁물을 넣어 놓을 수 있는 스마트 클로젯을 설치. 많은 대학과 제휴하며 높은 점유율을 달성. 현재는 편의점, 아파트 단지 등 다양한 장소에 설치되어 있음.
3	2019년	우한시 대규모 세탁 공장 가동	기계화 대규모 세탁 공장 가동으로 높은 품질과 낮은 가격의 서비스 제공이 가능해짐.

앱의 주요 기능 및 UI 디자인 특징

앱 홈 화면

지도에서 근처
빨래방을 검색할 수
있다

소재, 형태 등이 세분화
되어 있어 편리하다

대학, 아파트 단지 안에
설치되어 있는 스마트
클로젯

이용할 때는 세탁물의
종류와 세탁 방식을
앱에서 지정한다

200위안 충전 시
50위안을
보너스로 받는다

17

반려동물과 관련된 모든 서비스를 제공

유어펫(有宠, Yourpet)

기업명 **유총** (YOUCHNG)		
누계 사용자 수 **비공개**	MAU (월간 활성 사용자 수) **비공개**	서비스 개시 연도 **2015년**

> # 반려동물 병원 예약. 건강 관리.
> # 커뮤니티 등 다기능에 주목!

유어펫은 반려동물 관련 종합 앱이다. '반려동물 건강 관리' '애견가, 애묘가 SNS 커뮤니티' '반려동물과 관련된 궁금증을 해소하는 Q&A 기능' '동물 병원, 호텔, 미용실 검색 및 예약' 'EC(반려동물용품 구매 및 보험 상품 가입 가능)' '입양처 찾기' '반려동물 시터 매칭' '반려동물에 들어가는 금전 관리' '훈련 팁' '이름 후보 검색' 등의 다양한 서비스를 제공한다.

건강 관리 기능은 예방 접종 일정이나 체중 관리뿐 아니라 당사 전용 IoT 기기(사료 급여량을 알 수 있는 급여기, GPS 내장형 건강 관리 기기)를 함께 쓰면 더욱 세심한 관리를 할 수 있다.

또한 커뮤니티에는 SNS뿐 아니라 유명인 채널이나 산책 코스를 공유한다거나 사진을 게시하면 유료 기사 열람용 포인트를 받을 수 있는 등 기능이 다채롭게 갖춰져 있다. 또한 유어펫은 펫샵이나 동물 병원, 미용실 등을 병설한 매장을 운영하고 있는 점도 특징이다.

한 장으로 보는 비즈니스 모델

❖ 주 수익원

· EC 수입 · 직영점 매출 · 기기 판매 수입 등

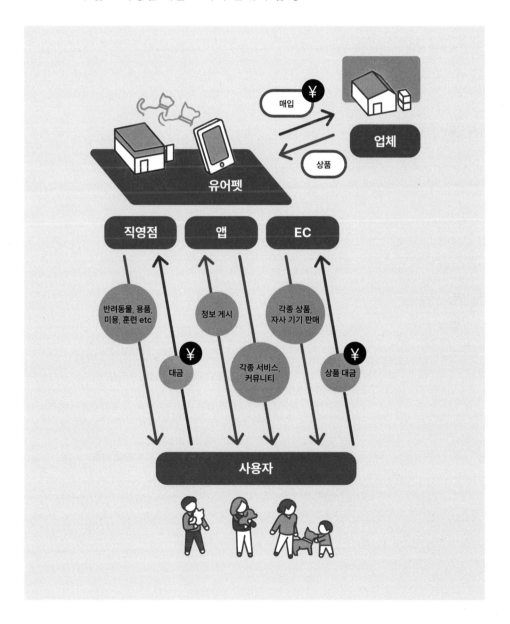

사용자 니즈와 기업의 성장 배경

중국의 반려동물 시장은 매년 약 20%씩 성장을 거듭하고 있으며, 2019년에는 규모 30조 원을 넘어섰다. 반려동물은 도심부에서만 약 1억 마리에 달하는 것으로 집계되고 있으며, 그중에서도 부유층은 상당한 돈을 들이고 있는 것으로 알려졌다.

이러한 시장 상황을 발판삼아 유어펫은 앱의 기능을 점차 확장해 나갔다. 또한 앱 외에도 반려동물과 용품 판매, 미용, 의료, 훈련 등의 서비스를 제공하는 실제 매장을 운영하거나 앱을 연동하여 사용하는 자사 개발 건강 관리 기기를 출시하며 다양한 방면에서 수익을 올리고 있다.

유어펫은 잡지 출판이나 동영상, 영화 제작 등 반려동물 관련 콘텐츠도 제작하고 있다. 한국 및 일본 반려동물 시장이 성장하고 있어 유어펫의 비즈니스 모델은 한국과 일본에서도 사업자의 수익성 향상에도 도움이 될 것으로 보인다.

세 번의 발전

1	2015년	자사 스마트 기기 상품 개발	자사 기기 브랜드 '유총즈넝' 설립. 반려동물의 건강 관리, 위치 추적이 가능한 IoT 기기 '유총베이베이' 등의 개발, 판매에 따라 고객 체험과 수익성 향상.
2	2016년	매장 오픈	광저우에 첫 플래그십 스토어 오픈. 반려동물과 용품 판매뿐 아니라 미용, 의료, 훈련 등의 서비스를 제공. 이후 베이징, 상하이, 항저우, 청두에도 진출하여 오프라인 시장을 통한 수익 다각화를 꾀함.
3	2017년	반려동물 영화 제작	해당 영화는 제13회 중미영화제Chinese American Film Festival의 '골든엔젤상' 후보작으로 이름을 올리면서 중국 국내 지명도 향상에 공헌.

앱의 주요 기능 및 UI 디자인 특징

앱 홈 화면

백신 접종, 건강 진단
예정 및 이력을 관리할
수 있다

SNS에는 각종
커뮤니티가 존재한다

SNS에는 인기 연예인
공식 페이지도 있다

쇼핑몰에서는
대부분의 반려동물
용품을 구매할 수 있다

반려동물의 질병,
훈련법을 검색할 수
있는 백과사전 기능

18

厨

쇼핑몰과 요리교실까지, 진화를 거듭하는 레시피 앱

샤추팡 (下厨房, Xiachufang)

기업명 **샤추팡**		
누계 사용자 수 **2,300만 명**	MAU (월간 활성 사용자 수) **1,283만 명**	서비스 개시 연도 **2014년**

[세련된 UI로 누구나 간단히
레시피 검색과 장보기가 가능!]

샤추팡은 레시피를 올리고 보는 기능 외에도 쇼핑몰과 프로 강사 및 요리사가 가르쳐 주는 요리 동영상, 웹 매거진과 흡사한 요리, 건강 칼럼 등을 볼 수 있는 기능을 갖춘 앱이다.

쇼핑몰에서는 채소, 과일, 인스턴트 식품, 조미료, 지역 특산물 등의 식품뿐 아니라 식기나 조리 도구, 레시피 책(전자 서적 포함) 등의 음식과 관련된 모든 제품을 구매할 수 있다. 또한 게시된 요리에 사용된 식자재나 조리 도구의 경우, 게시물을 탭하기만 하면 구매할 수 있도록 되어 있다.

프로 요리사나 파티시에, 요리 학교, 개인 등이 유료 수업 동영상을 올려 수익을 올릴 수도 있다. 사용자는 1회 수천 원을 지불하여 동영상과 레시피를 구매할 수 있다. 또한 레시피와 수업 동영상은 순위화되어 있어 인기 수업을 한 눈에 찾아볼 수 있으며, 커뮤니티 기능을 활용해 사용자들은 앱 내에서 자신의 페이지를 개설하여 다른 사용자들과의 정보 교환이 가능하다.

한 장으로 보는 비즈니스 모델

❖ **주 수익원**

· EC 수입 · 광고료 · 수강료 등

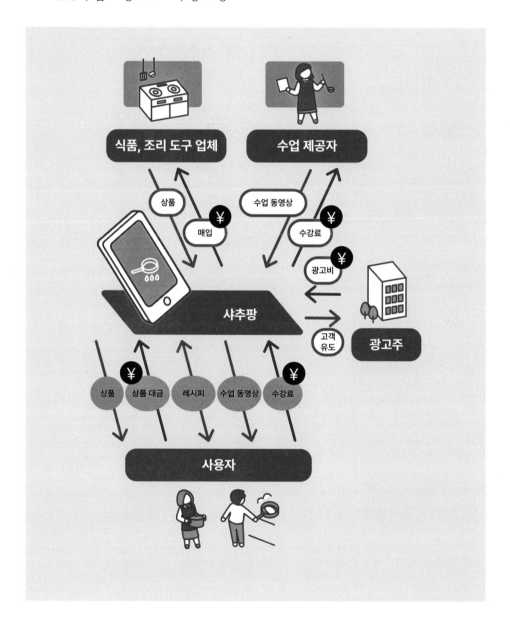

앱의 주요 기능 및 UI 디자인 특징

앱 홈 화면

레시피는
세분화되어 있어
검색하기 편하다

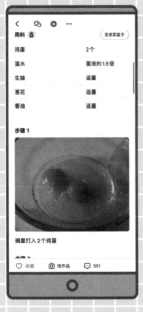

레시피와 사진이
같이 올라와
이해하기 쉽다

전문가의 요리
수업 동영상을
구매할 수 있다

사진, 동영상,
글을 올릴 수
있는 SNS 기능

지정된 제품으로
요리하는 대회
형식 광고 기획

요리에 사용된
조리 도구와
식자재를 앱에서
구매할 수 있다

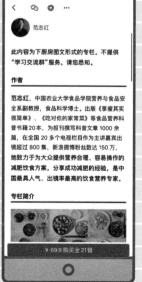

건강 및 영양,
다이어트 등과
관련된 칼럼도
읽을 수 있다

19

아이방 (阿姨帮, Ayibang)

家庭服务

기업명 **윈탑** (Wintop)

누계 사용자 수	MAU (월간 활성 사용자 수)	서비스 개시 연도
비공개	**비공개**	**2013년**

[# 엄선된 업체만 등록 가능.
안심하고 이용할 수 있는 부분이 강점!]

아이방은 가사 대행 매칭 앱이다. 청소, 이삿짐, 가전 및 가구 수리, 베이비시터, 육아 등의 서비스를 검색, 이용할 수 있다.

또한 앱 내의 쇼핑몰도 이용할 수 있어 청소용품, 수납용품, 식품, 여행용품, 자동차용품 등의 생활용품들을 구매할 수 있다. 앱 상에서는 아이방에서 엄선한 업체만 이용할 수 있으며, 업체는 아이방에서 제공하는 교육을 받아야 한다. 따라서 아이방 이용 고객은 안전하고 품질 높은 서비스를 받을 수 있다는 부분이 장점이다. 또한 사용자 후기도 확인이 가능하다.

앱 내에서 결제하도록 되어 있기 때문에 업체와 직접 거래할 필요가 없어 금전적 문제를 미연에 방지할 수 있다. 또한 일정 금액을 충전하면 할인해 주는 서비스(10만 원을 충전하면 11만 원 상당의 서비스를 이용할 수 있는 식)도 있다. 서비스를 제공하고자 하는 업체나 개인은 앱에서 등록을 신청하면 된다.

한 장으로 보는 비즈니스 모델

❖ 주 수익원

· 서비스 이용료 · EC 수입

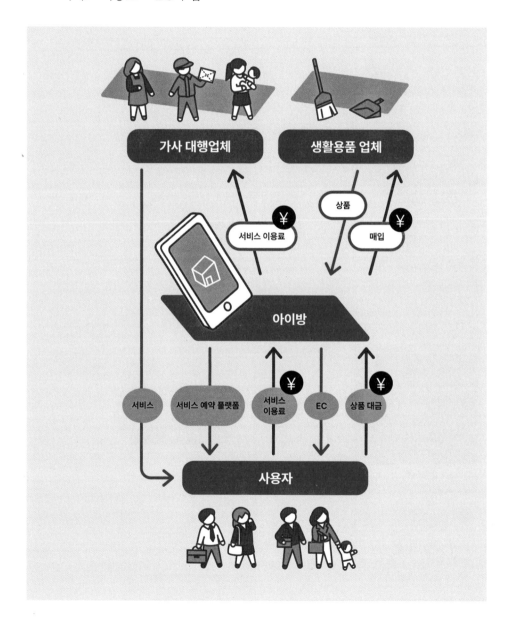

앱의 주요 기능 및 UI 디자인 특징

앱 홈 화면

홈 화면에서
카테고리를
선택하면 상세
메뉴가 나온다

이용하고자 하는
서비스를 정해
앱에서 예약한다

베이비시터
외에도 고령자
간호 서비스도
이용 가능하다

서비스를
이용할 수 있는
선불카드를
가족, 친구에게
선물할 수 있다

다양한
생활용품을
구매할 수 있는
쇼핑몰 페이지

쇼핑몰
페이지에서는
신선식품도
판매한다

서비스 제공
사업자, 개인용
등록 신청
페이지

Column 2 | 왜 중국 앱은 기능이 많은가?

일본은 자란넷(여행), 핫페이퍼(음식), 핫페이퍼 뷰티(미용), 젝시(결혼), 라쿠텐 시장, 라쿠텐 트레블, 라쿠텐 증권과 같이 서비스별로 앱이 나뉘어 있다. 한국의 경우에도 배달의 민족(음식), 직방(부동산), 화해(뷰티)와 같이 서비스별로 앱을 갖추고 있다. 그에 반해 중국 앱은 기본적으로 기능이 많다. 예를 들어 '다중뎬핑(58쪽 참조)'은 맛집, 여행, 영화, 미용실, 결혼식장, 음식 배달 등의 다양한 서비스를 한 앱에서 이용할 수 있게 되어 있다.

중국 시장은 스마트폰의 탄생과 함께 IT가 발전하면서 앱 중심의 서비스를 구상하게 되었다. 사업을 성공으로 이끌기 위해서는 앱의 편리성을 향상시키는 것이 필수적이었기 때문에, 다기능화 앱이 많아졌다고 추측할 수 있다.

또한 중국에서는 우선 앱을 만들고 사용자를 늘린 후 수익을 내는 순서의 방식이 일반적이다. 비즈니스는 '고객 수 × 객단가 × 이용 빈도'가 중요하기 때문에 새로운 서비스를 늘려 가면서 기반을 전반적으로 다져 나간다는 생각이다.

일본은 먼저 사업 계획을 구체적으로 짜고 앱의 구성 역시 모두 정해놓기 때문에 새로운 기능을 추가하기가 어렵다. 게다가 대부분의 일본 기업은 앱 개발을 외주에 맡기는데, 앱을 만드는 IT 엔지니어는 보통 새로운 기능을 늘릴 것을 가정하면서 만들지 않는다. 반면 중국 기업은 기본적으로 사내에서 앱 개발을 진행한다. 앱을 업데이트 하거나 새로운 기능을 추가할 때는 같은 담당자가 작업하게 되기 때문에 애초에 앱을 처음 만들 때 기능을 간편하게 늘릴 수 있도록 설정해둔다. 이러한 사내 문화는 중국 앱 기능의 다양화를 용이하게 만든다.

제3장

쇼핑

스마트한 쇼핑 경험을 제공하다

20

고급 브랜드 전문 쇼핑몰

스쿠 (寺库, SECOO)

기업명 스쿠

누계 사용자 수	MAU (월간 활성 사용자 수)	서비스 개시 연도
비공개	**148만 명**	**2011년**

[매장에서 시착 및 감정 서비스도 제공]

스쿠는 중국 최대의 명품 온라인 쇼핑 플랫폼이다. 옷과 신발, 액세서리 외에 골동품, 와인 등의 고급 주류도 판매하고 있다. 그리고 외국계 고급 호텔 예약 및 람보르기니나 벤틀리 같은 고급 차량 렌트, 카드 회사의 컨시어지 서비스 등도 함께 제공하여 사용자 편의성을 높였다.

스쿠는 베이징과 상하이, 청두, 홍콩 등에 직영점을 두고 있다. 상품을 직접 매장에서 입어보고 구매할 수 있으며, 매장에는 감정사가 상주하고 있어 상품의 진품 여부를 보장해 준다. '온라인 판매'와 '오프라인 체험'이라 비즈니스 모델을 조합하여 사용자가 안심하고 쇼핑할 수 있도록 하는 정품 보증 서비스뿐 아니라 다양한 체험 서비스도 제공한다. 또한 스쿠는 할인 판매에도 힘을 쏟고 있어서 온라인 '아울렛'이라는 이미지도 가진다.

한 장으로 보는 비즈니스 모델

❖ **주 수익원**

　· EC 수입　· 매장 수익

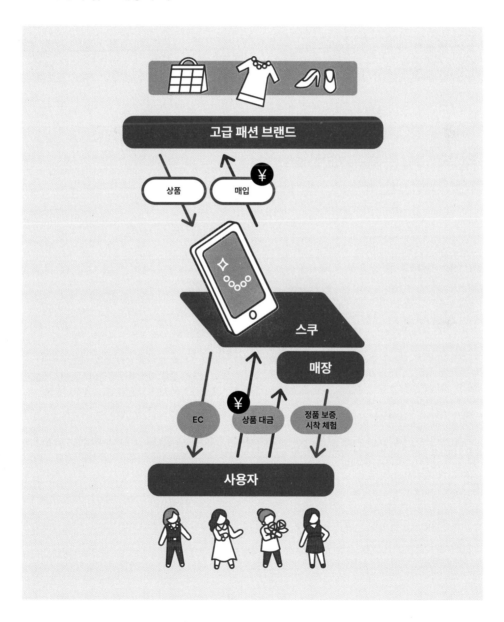

사용자 니즈와 기업의 성장 배경

스쿠의 주요 성장 요인 중 하나로는 '신뢰성'을 들 수 있다. 기존의 명품 쇼핑몰은 상품의 정품 여부를 고객 스스로가 판단해야만 했다. 그렇기에 중국에서 확실한 정품을 사기 위해서는 명품 브랜드 직영점에서 구매하는 방법이 유일했다.

스쿠는 이러한 불편을 해소하기 위해 감정사가 상주하는 직영점을 출점하여 '신뢰'라는 브랜드 이미지를 구축했고, 이에 따라 사용자도 대폭 증가하였다.

또한 스쿠는 판매나 정품 감정뿐 아니라 수선 서비스도 함께 제공한다. 이외에도 사용자가 가지고 있는 명품을 앱에서 판매할 수 있는 플랫폼을 마련하는 등 상품 판매 이후의 과정에서도 고객과의 접점을 만들어나가는 스쿠만의 독자적인 체계를 확립했다. 2017년에는 미국 나스닥에도 정식 상장한 바 있다.

세 번의 발전

1	2017년	글로벌 공급망 시스템 확립	해외 고급 브랜드와 제휴하여 독자적 공급 시스템을 확립. 매장 출점의 발판이 됨.
2	2018년	상하이 방직 그룹과 전략적 제휴	상하이 패션 위크의 주자인 상하이 방직 그룹Shanghai Textile Group과의 제휴로 세계적으로 저명한 100명의 디자이너와 계약. 새로운 디자인이 발매되면 곧바로 스쿠에 올라오기 때문에 최신 트렌드에 맞추어 빨리 구매할 수 있음.
3	2019년	바이트댄스와 업무 제휴	바이트댄스가 운영하는 진르터우탸오와 틱톡에서 스쿠의 상품을 원클릭으로 구매할 수 있게 됨. 틱톡 챌린지 콘테스트와 여타 마케팅으로 스쿠의 인지도도 대폭 향상됨.

앱의 주요 기능 및 UI 디자인 특징

앱 홈 화면

브랜드, 카테고리에서
상품을 검색할 수 있다

매장에서는 라이브
판매도 진행한다

컨시어지로부터 상품,
세일 등의 정보를 입수할
수 있다

명품 수선 예약하거나
비용 견적을 받아볼 수
있다

사진을 올리면 감정사가
진품 여부를 확인해 주는
서비스

21

唯品会
品牌特卖

3억 명 이상이 이용하는 중국판 '무신사'

웨이핀후이 (唯品会, Vipshop)

기업명 **웨이핀후이**

누계 사용자 수	MAU (월간 활성 사용자 수)	서비스 개시 연도
3.4억 명	**5,470만 명**	**2008년**

[중국 3위에 빛나는 거대 온라인 쇼핑 사이트]

웨이핀후이는 의류 상품을 할인 판매하는 앱이다. 높은 할인율을 무기로 수많은 사용자를 보유하고 있는 중국 시장 점유율 3위의 온라인 쇼핑 사이트다. 앞서 소개한 스쿠보다 젊은 여성층에게 인기 있는 것이 특징이다.

업계 1위인 티몰Tmall, 2위의 진둥닷컴은 다양한 상품을 취급하는 종합 온라인 쇼핑 사이트지만, 웨이핀후이는 의류에 특화한 쇼핑몰로 독자성을 갖추고 있다(의류 외에도 스킨케어 제품이나 의약품 등의 생활용품도 판매).

웨이핀후이는 기간과 수량을 한정하여 70~80% 할인된 가격으로 상품을 제공하는 '플래시 세일Flash sale' 방식의 특가 판매를 지속하며 고객 이탈을 막고 있다. 일본 브랜드 제품도 많이 취급하고 있으며 가오, 고바야시 제약 등이 출점되어 있다.

한 장으로 보는 비즈니스 모델

❖ **주 수익원**

· 온라인 쇼핑몰 수입 · 광고료

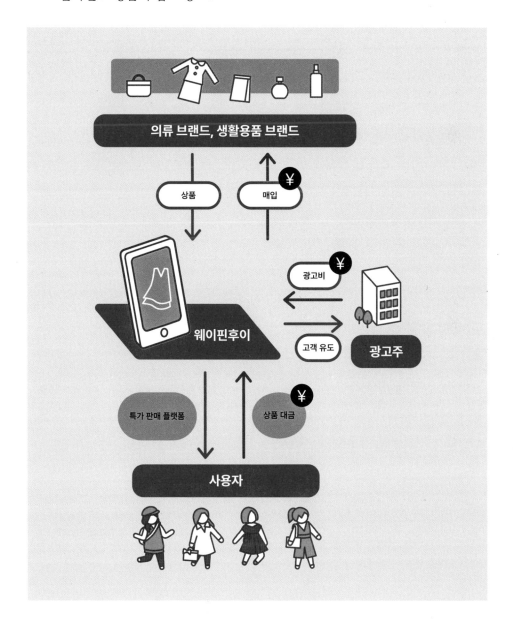

사용자 니즈와 기업의 성장 배경

웨이핀후이의 성장 원동력은 앞서 설명한 플래시 세일이라고 불리는 마케팅 수법에 있다. 지속적인 특가 판매를 통해 팬층을 늘리고 재구매율을 높여 고객 이탈을 막는 데 성공했다.

이외에도 서울, 도쿄, 파리, 밀라노, 런던, 뉴욕, 시드니 등의 세계 각지에 매입 거점을 두어 패션 브랜드 제품을 직접 매입할 수 있기 때문에 가품을 판매하지 않고, 7일 내 반품 보장 서비스, 충실한 애프터서비스 등으로 많은 사용자의 신뢰를 얻고 있다.

또한 사진 중심의 상품 표시, 화면 왼쪽에 표시되어 페이지를 이동 하지 않아도 제품 카테고리를 검색할 수 있는 사이드바 등과 같은 웨이핀후이만의 독자적인 UI 는 사용 편리성을 증대시켜 더욱 많은 고객을 끌어들이고 있다.

2012년에는 뉴욕증권거래소에 상장한 바 있으며 2017년에는 징둥닷컴과 제휴하여 성장을 거듭하고 있다.

세 번의 발전

1	2015년	물류 자회사Pinjun express 설립	물류 업무 자사화로 주문에서 수취까지의 기간을 대폭 축소. 현재 웨이핀후이의 배달 업무의 약 80%를 자회사에서 도맡고 있음.
2	2016년	인기 가수 주걸륜Jay Chou이 CJOChief Surprise Officer로 취임	주걸륜 영입 후 3개월 만에 신규 고객 수 820만 명 증가(2015년 동기 대비). 그중 45% 이상이 20~30대의 젊은 층으로, 이듬해 삼사분기에는 신규 고객의 절반 이상이 20~30대였음.
3	2017년	중국 온라인 쇼핑몰 2위인 '징둥닷컴'과 전략적 제휴	징둥닷컴 사이트 및 앱에서 웨이핀후이로 넘어갈 수 있게 됨. 첫 2개월간 50만 명이 이 경로로 접속했으며 그중 98%는 신규 사용자.

앱의 주요 기능 및 UI 디자인 특징

앱 홈 화면

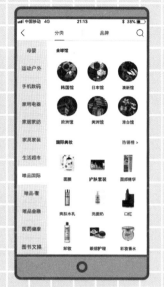

카테고리, 브랜드뿐
아니라 국가별로도
제품을 검색할 수 있다

제품 페이지가 깔끔해서
보기 편하다

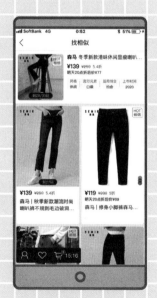

제품 페이지를 길게
누르면 유사 제품을
표시해 준다

사용자는 제품 페이지에
댓글을 남길 수 있다

할인 제품 상세
페이지에서 가격 추이
그래프를 확인할 수 있다

22

수리부터 온라인 쇼핑까지 가능한 차량 종합 서비스

투후 (途虎, Tuhu)

기업명 란투 (Lantu)

누계 사용자 수	MAU (월간 활성 사용자 수)	서비스 개시 연도
4,500만 명	**565만 명**	**2011년**

[자동차가 있다면 없어선 안 될 만능 앱]

투후는 자동차 관련 서비스를 제공하는 O2O 플랫폼이다. 차량용품 온라인 쇼핑과 수리 업체 비교, 검색, 예약, 결제, 차량 관련 정보를 공유할 수 있는 SNS 기능이 주요 서비스 내용이다.

온라인 쇼핑몰은 차종을 입력하면 자신의 자동차에 맞는 제품을 보여준다. 또한 업체 검색, 예약 기능을 이용하여 1,300개 직영점과 13,000개 협력점에서 수리, 세차, 판금 도색, 점검, 커스텀 서비스를 받을 수 있다. 또한 많은 후기와 가격 정보를 이용해 동일한 서비스를 제공하는 업체를 비교 검토해볼 수 있을 뿐 아니라 시세 확인도 가능해 자신에게 맞는 서비스를 고르는 것이 가능하다.

투후에 등록된 모든 사업체와 직영점은 당사 기준을 모두 통과한 업체이며, 결제도 앱에서 가능하기 때문에 각종 문제를 방지할 수 있어 안심하고 서비스를 이용할 수 있다.

한 장으로 보는 비즈니스 모델

❖ 주 수익원

· 온라인 쇼핑몰 수입 · 직영점 매출 · 서비스 이용료

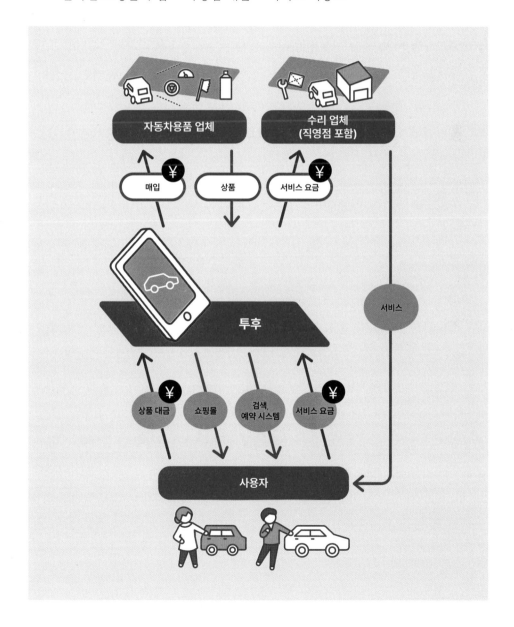

사용자 니즈와 기업의 성장 배경

중국 자동차 시장은 호황기에 비해 주춤하는 듯 보이지만, 현재도 3억 대가 넘는 자동차가 등록되어 있으며, 연간 3천만 대 이상(신차, 중고차 포함)이 판매되고 있다.

이에 따라 중국에는 자동차 수리 업체도 많이 존재한다. 그러나 중소 사업자는 자사 웹사이트를 만들 여력이 되지 않는다. 이런 점에서 투후는 중소 사업자라도 고객 유치가 가능하기 때문에 자동차 관련 사업자에게도 아주 유용한 플랫폼인 것이다.

2018년에는 텐센트와 제휴하며 위챗 내의 미니 프로그램, 내비게이션에서도 서비스를 이용할 수 있게 되어 접근성과 편리성이 동시에 향상되었다. 또한 커뮤니티 기능에서는 자동차 관련 경험이 풍부한 사용자가 질문에 답하거나 승차감, 수리, 커스텀과 관련된 경험과 노하우를 공유하고 있어 사용자 이탈을 막고 있다.

세 번의 발전

1	2016년	직영점 오픈	당시의 가맹점의 낮은 서비스 품질문제를 해결하기 위해 2016년부터 직영점을 오픈. 2019년에는 1,300호점까지 증가.
2	2016년	서비스 표준화를 위한 기준 설정	가맹점에도 이 기준을 준수하도록 지침을 내리면서 사용자가 어느 업체를 이용해도 직영점과 동일한 품질의 서비스를 받을 수 있도록 함.
3	2018년	텐센트와 제휴	사용자가 텐센트의 서비스를 이용할 수 있게 되었고, 위챗 내의 미니 프로그램과 내비게이션 서비스도 이용할 수 있게 되어 편리성이 극적으로 향상됨.

앱의 주요 기능 및 UI 디자인 특징

앱 홈 화면

세차, 점검, 수리 등의
다양한 서비스를
이용할 수 있다

자신의 차에
맞는 제품을
검색할 수 있다

내 자동차 상태와 위반
이력 등의 정보를
관리할 수 있다

같은 차를 타는 사람들
끼리 정보를 교환할 수
있는 SNS 기능

차종, 상태를 입력하면
교환이 필요한 부품이
표시된다

23

중국 최대 온라인 쇼핑 플랫폼

타오바오(淘宝, Taobao)

기업명 **타오바오**		
누계 사용자 수 **10억 명**	MAU (월간 활성 사용자 수) **8.8억 명**	서비스 개시 연도 **2003년**

[알리바바 그룹의 주요 서비스]

타오바오는 알리바바 그룹의 주요 서비스이며, 중국 최대 온라인 쇼핑 플랫폼이다. 전술한 티몰 또한 타오바오와 같은 알리바바 산하 서비스다. 무엇보다 규모가 굉장히 큰데, 월간 활성 사용자 수는 8억 8천만 명에 달한다. 2020년 11월 11일 광군제(중국 독신의 날)에는 매출 130조 원을 넘어섰다.

가장 특징적인 부분으로 동영상을 이용한 판촉 기능을 들 수 있다. 일반적인 온라인 쇼핑몰 외에도, 라이브 방송(타오바오 라이브)을 통해 상품을 판매할 수 있다. 또한 한 동영상에서 여러 상품을 소개하고 판매하기도 한다.

라이브 방송 판매는 최근 급성장세를 보이고 있으며, 2019년 광군제에는 하루 만에 200억 위안(약 3조 2,000억 원)의 매출을 달성했다. 최근에는 많은 팔로워를 보유한 인기 스트리머가 KOL과 같은 존재가 되면서 이들을 활용한 마케팅도 활발히 이어지고 있다.

한 장으로 보는 비즈니스 모델

❖ **주 수익원**

　·출점료 ·서비스 이용료 ·광고료

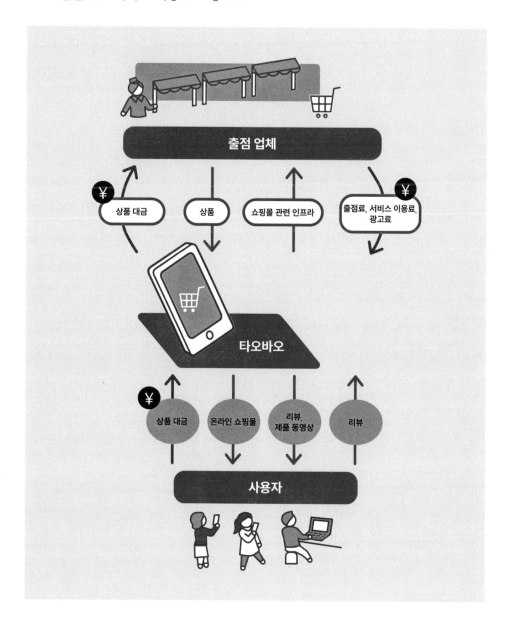

사용자 니즈와 기업의 성장 배경

타오바오의 성장에는 다양한 요인이 있지만, 사용 편리성을 철저히 추구하여 인터넷 쇼핑 특유의 불편함을 없앤 점이 가장 크다.

타오바오에는 10억 개가 넘는 제품이 판매되고 있는데, 사용자의 검색 및 구매 이력, 개인 정보를 토대로 적절한 제품을 추천해 주기 때문에 찾고 있는 제품을 금방 발견할 수 있다. 또한 검색창에 있는 카메라 버튼을 누르면 사진을 찍어 동일한 제품을 검색할 수 있다. 다른 온라인 쇼핑몰에도 흡사한 기능이 있지만, 타오바오는 우수한 알고리즘을 보유하여 검색 정확도가 높다.

타오바오는 제품 정보 공유도 SNS뿐 아니라 이미지, 링크를 QR 코드로 만들어 보낼 수 있다. 예를 들면 사고 싶은 제품의 링크를 만들어 다른 사용자에게 보내고, 상대방이 결제를 끝내면 원하는 배송지로 제품이 도착한다. 상대방이 타오바오 계정을 가지고 있지 않아도 위챗페이나 알리페이로 결제할 수 있다. 자녀가 가지고 싶은 제품 정보를 부모에게 보내 대신 결제하는 식으로 사용하는 것도 가능하다.

또한 제품 페이지마다 채팅 버튼이 있는데, 전화나 이메일로 묻기에는 사소한 궁금증을 바로 해결할 수 있다. 문의 내용은 빠르면 10초 안에 답변을 확인할 수 있다. 판매자와의 채팅 이력은 자동 저장되기 때문에 문의 내용을 다시 확인할 수도 있고, 문제가 생겼을 때도 안심할 수 있다. 업체의 접속 상태나 채팅을 읽었는지도 확인할 수 있어 사용 편리성이 높다.

주요 자금 조달

조달 라운드	조달 시점	조달 총액	투자자
IPO (그룹 전체, 미국)	2014년	220억 달러 (약 23조 원)	개인 투자자
F 라운드	2012년	43억 달러 (약 4조 4,580억 원)	중국투자공사China Investment Corporation / 중국 중신 캐피털CITIC Capital / 보위 캐피털Boyu Capital / 그 외
E 라운드	2011년	20억 달러 (약 2조 740억 원)	실버 레이크 파트너스Silver Lake Partners / DST 글로벌 DST Global / 윈펑 캐피털 / 테마섹 홀딩스Temasek Holdings
IPO (B2B 사업, 홍콩)	2007년	15억 달러 (약 1조 5,550억 원)	개인 투자자
D 라운드	2005년	10억 달러 (약 1조 370억 원)	야후yahoo
C 라운드	2004년	8,200만 달러 (약 850억 원)	소프트뱅크 / TDF 싱가포르TDF Singapore / 그 외
B 라운드	2000년	2,500만 달러 (약 260억 원)	소프트뱅크 / TDF 싱가포르 / 인베스터 ABInvestor AB / 피델리티 인베스트먼트Fidelity Investments / 그 외
A 라운드	1999년	5백만 달러 (약 52억 원)	골드만삭스Goldman Sachs / TDF 싱가포르 / 그 외

세 번의 발전

1	2003년	결제 플랫폼 '알리페이' 서비스 개시	타오바오와 알리페이는 굉장히 밀접한 관계. 알리페이 서비스 개시에 따라 사용자 신용이 담보되어 출점 업체는 안심하고 상품을 출하할 수 있게 되었고, 중국의 전자상거래 또한 비약적으로 발전함.
2	2004년	전용 채팅 기능 '알리왕왕' 서비스 개시	채팅 '알리왕왕'을 이용하여 판매자와 고객이 직접 연락을 주고받을 수 있게 되어 서비스 편리성과 신용도가 향상됨.
3	2013년	대형 물류 기업과 물류 자회사 '차이냐오Cainiao' 설립	대형 물류 기업 순펑SF, 위안퉁YTO, 선퉁STO 등과 물류 시스템 네트워크를 구축. 클라우드 기술과 빅 데이터를 활용하여 한 물류 회사에 업무가 집중되지 않도록 하여 비용 절감과 배송 시간 단축을 실현.

앱의 주요 기능 및 UI 디자인 특징

앱 홈 화면

상품이 세분화되어 있어 원하는 제품을 쉽게 찾을 수 있다

화면 왼쪽의 사이드바는 화면을 이동하지 않고도 조건을 추가할 수 있어 무척 편리하다

사진을 찍거나 스마트폰 갤러리 내의 사진을 고르면 같은 제품, 흡사한 제품을 표시해 주는 이미지 검색 기능

상품, 업체
정보 등 궁금한
점이 있을 때는
채팅을 이용해
간편하게 상담할
수 있다. 빠르면
10초 내에
답변이 온다

라이브 방송
기능을 이용하면
상품을
설명하면서
판매도
가능하다.
라이브 방송은
자동 저장되어
나중에 다시
보기도 가능하다

구매한 제품이
지금 어디에
있는지 지도에서
확인할 수 있다.
운송 회사
사이트까지
들어가지
않아도 볼 수
있어 편리하다

매일 사이트를
방문해서 추천
제품을 열람하면
'물'을 받을 수
있다. 이 물로
식물을 키워
과일을 수확하면
쇼핑 포인트를
받을 수 있는
게임

24

이커머스의 패러다임을 바꾼 피드 기반 쇼핑 서비스

핀둬둬 (拼多多, Pinduoduo)

기업명 **쉰멍** (Xunmeng)		
누계 사용자 수 **7.3억 명**	MAU (월간 활성 사용자 수) **5.7억 명**	서비스 개시 연도 **2014년**

[게임하듯 쇼핑을 즐기는 소셜 온라인 쇼핑 앱]

핀둬둬는 텐센트 계열의 공동 구매 온라인 쇼핑 사이트다. 핀둬둬가 제공하는 서비스는 '소셜 EC'라고 불리며, 미국의 소셜커머스 앱인 '그루폰'과도 흡사한 서비스라고 할 수 있다.

핀둬둬에서는 구매하고 싶은 제품을 다른 사용자와 함께 구매하면 가격을 할인받을 수 있다. 대부분의 제품은 두 명이 모이면 구매할 수 있지만, 그중에는 5~10명이 모여야 할인이 적용되는 제품도 있다. 언뜻 보면 귀찮게 느껴질 수 있지만, 다른 사용자와 소통하면서 무리를 이루어 구매하는 과정이 마치 게임과 같아서 사용자들은 이러한 행위 자체에 재미를 느껴 자연스럽게 이용 시간도 길어지게 된다.

위챗에 공유한 내용을 다른 사람이 읽으면 할인 또는 무료로 구매할 수 있는 서비스도 있다. 또한 특정 제품의 게시물을 열람하거나 구매하면 가상 나무를 키울 수 있는 아이템을 받는다. 나무가 열매를 맺으면 실제 과일을 받을 수 있는 게임이다. 이처럼 핀둬둬에는 쇼핑을 즐겁게 만들어 주는 요소가 다수 존재한다.

한 장으로 보는 비즈니스 모델

❖ 주 수익원

· 중개 수수료 · 광고료

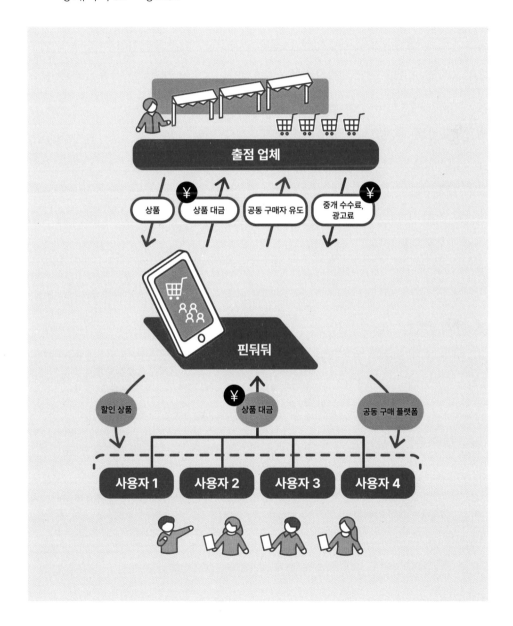

사용자 니즈와 기업의 성장 배경

핀둬둬는 2015년 서비스 개시 후 텐센트 계열에 들어가 미니 프로그램으로 위챗 사용자를 끌어들이며 급속히 성장했다. 이후 3년 만에 나스닥에 상장하며 2021년 1월에는 시가 총액 200조 원을 넘어섰다. 활성 사용자 수^{AU}도 7억 명을 넘어서며 중국 온라인 쇼핑 선도 주자인 알리바바 뒤를 바짝 뒤쫓고 있다. 이러한 급성장의 또 다른 요인으로는 지금까지 주 고객층에서 배제되었던 지방 거주자들을 타깃으로 한 점을 들 수 있다. 중국은 도시와 지방의 소득 격차가 크기 때문에 기존 온라인 쇼핑몰 사용자들은 주로 도시에 거주하는 사람들이었다.

그런데 핀둬둬의 주 고객은 지방에 사는 여성들이다. 소득이 아주 높지 않은 사람들에게 할인된 가격으로 제품을 제공하여 사용자를 늘려온 것이다. 신선식품도 취급하고 있어 이웃과 함께 채소나 휴지 등의 생활필수품을 함께 할인된 가격으로 구매하는 고객도 많다.

세 번의 발전

1	2018년	나스닥 상장	19달러로 시작한 주가는 40%까지 상승하며 종가 26.7달러를 기록. 하루 만에 시가 총액 20조 원 돌파.
2	2018년	중소 사업자 지원 계획 발표	소규모 판매 업자와 제조 업자를 지원하며 손을 잡아 직거래를 늘리고 더 저렴하게 제품을 판매할 수 있도록 함. 소규모 사업자들이 대기업 우선인 알리바바에서 핀둬둬로 옮겨가는 계기가 됨.
3	2020년	궈메이링서우GOME Retail의 신주 예약권부 사채 인수	대형 가전제품 판매 체인 '궈메이링서우'가 발행하는 2억 달러(약 2,090억 원)의 신주 예약권부 사채 인수를 결정. 동시에 제품 조달과 판매, 마케팅 분야의 전략적 파트너십을 체결.

앱의 주요 기능 및 UI 디자인 특징

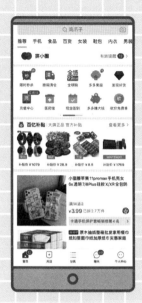

앱 홈 화면

사람들과 함께 공동
구매하면 할인 가격이
적용된다

시간 내에 일정 수의
구매자가 모이면 특가
구매가 가능하다

라이브 쇼핑 기능도
존재한다

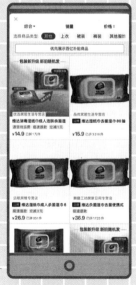

사진을 올리면 같은
제품끼리 가격을
비교할 수 있다

지정 상품을 열람,
구매하면 열매를
수확할 수 있는 게임

25 支

알리페이 (支付宝, Alipay)

기업명	**알리페이**		
누계 사용자 수 **12억 명**	**MAU** (월간 활성 사용자 수) **7.1억 명**		**서비스 개시 연도** **2009년**

[전 세계 12억 명이 사용 중인 모바일 결제 앱]

알리페이는 제품 구매부터 음식, 숙박비 결제 등 생활 속의 모든 상황에서 사용 가능한 서비스로, 중국인에게는 꼭 필요한 인프라적 존재다. 스마트폰의 QR 코드를 제시하기만 하면 결제 가능한 편의성뿐 아니라, 최근에는 '얼굴 인식 결제' 기능이 도입되어 안전성도 향상되었다.

그뿐만 아니라 면허증, 신분증, 여권이나 각종 티켓, 회원 카드 등을 한 번에 관리할 수도 있다. 앱 내에는 '메신저' '음식 배달' '배차' '공유 자전거' '택배' '보험' '기부' '자산 운용' '복권' 등과 같은 알리바바 그룹의 다양한 미니 프로그램이 들어있으며 유료 서비스는 모두 알리페이로 결제하여 이용할 수 있다. 그룹 간의 연계로 편리성이 향상되어 사용자 이탈을 막는 점도 알리페이의 주요한 특징 중 하나다.

한 장으로 보는 비즈니스 모델

❖ **주 수익원**

· 결제 수수료 · 서비스 이용료

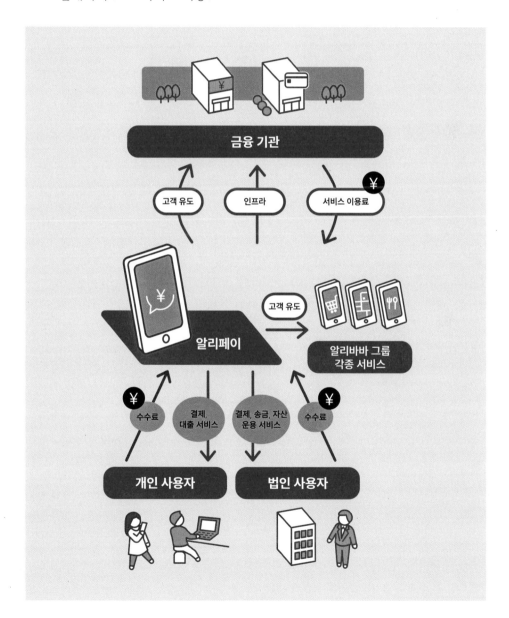

사용자 니즈와 기업의 성장 배경

알리페이가 없었더라면 알리바바는 지금의 알리바바 그룹이 되지 못했을 것이다. 그만큼 알리페이는 굉장히 중요한 서비스이다. 앱은 2009년에 출시했지만 알리페이는 이미 2004년부터 결제 서비스를 제공한 바 있다. 현재까지 12억 명의 사용자를 확보할 수 있었던 것은 선행자 이익 덕분이라고 해도 과언이 아니다.

초기 알리페이는 온라인 매매 중개 서비스로서, 중개 과정에서의 각종 문제를 해소하기 위한 목적으로 만들어졌다. 바코드 결제 앱으로 시작한 이후, 결제 외의 다양한 서비스가 추가되었다. 특히 누구나 간편히 투자할 수 있는 금융 서비스는 중국인의 자산 운용에 대한 인식을 크게 바꿔 놓았다는 평가를 받는다.

알리페이는 주식, 귀금속 매매, 투자 신탁, 개인 및 법인 대출 등의 폭넓은 금융 서비스를 제공한다. 매월 정해진 날짜에 은행에서 일정 금액을 충전하여 지정된 투자 신탁을 구매하거나, 자동 이체를 등록할 수도 있다.

대부분의 사용자는 일상 속에서 이루어지는 결제를 모두 알리페이를 이용해 지불하기 때문에 은행에 돈을 맡겨두지 않는다. 거의 전 재산을 알리페이에 충전하여 알리페이 안에서 자산을 관리, 운용하는 사람도 많다. 법인용 급여 이체 시스템도 개발 중으로, 향후에는 매월 급여를 은행이 아닌 알리페이로 지급하는 기업도 생길 예정이다.

주요 자금 조달

조달 라운드	조달 시점	조달 총액	투자자
-	2018년	비공개	CICC 시즈 이쿼티 인베스트먼트 센터CICC Qizhi(Shanghai) Equity Investment Center
전략 투자	2018년	16억 위안 (약 2,570억 원)	중국태평양보험공사China Pacific Insurance Company
Pre-IPO	2018년	140억 달러 (약 15조 원)	테마섹 홀딩스 / 캐나다연금투자위원회CPPIB / 카자날 나시오날 버하드Khazanah Nasional Berhad / 제너럴아틀란틱General Atlantic / 그 외
전략 투자	2018년	비공개	카자날 나시오날 버하드 / 제너럴아틀란틱
B 라운드	2016년	45억 달러 (약 4조 6,650억 원)	알리바바
전략 투자	2015년	비공개	중국투자공사 / 차이나 포스트 & 캐피털 펀드 매니지먼트 Chi-na Post And Capital Fund Management Co., Ltd.버하드 / 제너럴아틀란틱한포르 캐피털Hanfor Capital Management Co., Ltd. / CICC 알파CICC ALPHA / 프리마베라 캐피털Pri-mavera Capital / 그 외
A 라운드	2015년	120억 위안 (약 1조 9,250억 원)	차이나 포스트 & 캐피털 펀드 매니지먼트 / 윈펑 금융 그룹Yunfeng Financial Group / 사회보장기금Social Security Fund / 중국태평양보험공사 / 프리마베라 캐피털 / GP 캐피털GP Capital / 차이나 생명보험China Life

세 번의 발전

1	2010년	'퀵 페이먼트' 기능 출시	출시 당시, 은행 거래 문제로 결제 오류 문제가 발생. 절차를 간소화 시켜 오류를 줄인 후, 사용자 급등.
2	2013년	자산 운용 서비스 '위어바오' 출시	톈홍 펀드Tianhong Fund와 제휴하여 자산 운용 서비스 '위어바오'를 출시. 번거로운 계좌 개설이 필요 없고, 하한 금액이 없으며 저위험성에 정기 예금보다 높은 이자로 사용자가 3억 명(2019년 기준)을 넘어섬.
3	2016년	'5복 모으기 환금 게임' 이벤트 개최	현금 나누기 게임 개최. 소셜 기능 면에서 위챗에 크게 뒤지고 있었기에 해당 이벤트를 통해 이용을 촉진.

앱의 주요 기능 및 UI 디자인 특징

앱 홈 화면

결제 화면. 가게에 있는 QR 코드를 읽어 금액을 입력하는 방법과 스마트폰에 생성된 지불 코드를 매장이 읽는 방법 등의 다양한 결제 방법이 있다

해외 송금 기능. 송금 금액을 입력하면 환율에 따라 자동으로 환산된다. 중국 국내 은행 수수료 50위안(약 7,900원)과 해외 은행 수수료(금액은 은행에 따라 다름)가 송금 금액에서 빠진다

수도 광열비, 통신료, 월세, 교통 범칙금 납부, 운전면허증 및 여권을 신청할 수 있는 '시민 센터'

신분증, 여권,
보험증, 면허증
등을 앱에
넣어둘 수 있다.
비밀번호를
입력하면
신분증이 화면에
뜬다

주식, 투자 신탁,
정기 예금, 보험
등의 다양한
금융 상품을
앱에서 구매,
운용할 수 있다

온라인 쇼핑,
음식 배달,
배차 등의
다양한 서드
파티 서비스를
알리페이 내에서
이용할 수 있다

사용자의 사회적
신용도를
점수화한
'즈마신용'은
알리바바 서비스
이용 한도액과
각종 대여
서비스 보증금
면제 기준 등
다양한 방면에서
활용된다

26

盒马

근처 직영 슈퍼에서 신선식품을 배달해 주는

허마셴성 (盒马鲜生, Hema Xiansheng)

기업명 **허마**

누계 사용자 수	MAU (월간 활성 사용자 수)	서비스 개시 연도
비공개	**1,599만 명**	**2016년**

[앱에서 신선식품을 주문하면 매장에서 즉시 배송]

허마셴성은 알리바바 산하의 신선식품 배달 앱이다. 도심부를 중심으로 200개 매장 이상의 직영 슈퍼마켓을 운영하고 있으며, 주문과 동시에 고객과 가장 가까운 매장에서 제품을 배달해 주는 서비스를 제공한다. 3kg 이내라면 30분 내로 제품을 받아볼 수 있다.

제품의 종류는 일본의 이토요카도나 이온(한국의 이마트, 홈플러스)과 비슷하며, 신선식품 외에도 생활용품, 가전제품, 약 등을 구비하고 있다. 앱에서 레시피도 볼 수 있는데, 요리에 사용된 식자재를 누르기만 하면 배달해 주기도 하며, 구매한 식자재를 지정한 방법으로 조리해 주는 서비스 또한 인기를 끌고 있다. 제품 구매 외에도 제휴된 업체에 베이비시터나 청소, 세탁, 반려동물 관리 서비스도 의뢰할 수 있다.

허마셴성은 알리페이나 타오바오 계정만 있으면 손쉽게 이용 가능해서 최근에는 젊은 세대부터 엘리베이터가 없는 공동 주택에 거주하는 고령층까지 폭넓은 세대에게 사랑받고 있다.

한 장으로 보는 비즈니스 모델

❖ **주 수익원**

· 온라인 쇼핑몰 수입 · 서비스 이용료 · 매장 매출

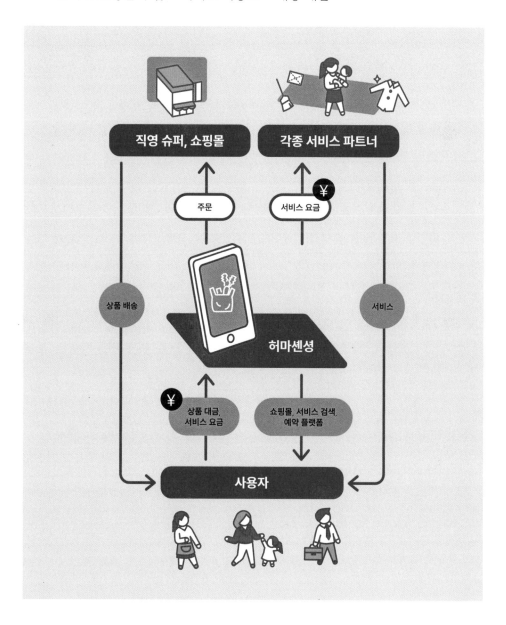

사용자 니즈와 기업의 성장 배경

허마셴성은 대량 매입과 효율화로 저렴한 가격을 실현하여 가격에 민감한 30대 이하의 젊은 세대에게 대단한 인기를 끌고 있다. 중국의 슈퍼마켓은 평당 연간 수익이 평균 2백만 원인데 비해 허마셴성은 7백만 원에 달한다.

특히 허마셴성은 절차와 물류의 효율화에 힘을 쏟고 있다. 매장은 슈퍼마켓일 뿐 아니라, 온라인 쇼핑몰의 창고이자 물류 거점이기도 하다.

앱에 주문이 들어오면 매장 직원이 제품을 고르고, 해당 제품은 천장에 설치된 레일을 통해 출하 장소까지 옮겨진다. 배송은 AI가 최적의 경로를 산출해 최단 시간에 배송된다. 알리바바의 풍부한 자원을 활용하여 서비스의 질을 향상시키면서 성장을 거듭하고 있는 것이다.

세 번의 발전

1	2015년	AI 기반 자원 배치로 최적화 실현	'3kg 이내 30분 배송'을 실현하기 위해 자동 물류 시스템을 구축. AI가 최적화된 배송 경로를 산출해 내면서 목표를 달성.
2	2016년	매장 오픈	2016년 1월, 1호점을 오픈하면서 앱 활성 사용자 수가 급상승. 2017년 1월에는 사상 최고치인 29.7만 명을 기록.
3	2017년	반찬 브랜드 '허마공방' 런칭	반찬 특화 브랜드 '허마공방' 런칭. 풍부한 제품군과 높은 신선도로 인기를 끌면서 새로운 수익원으로 발돋움. 2019년에는 1,300여 개 품목까지 확대하면서 월매출 1억 위안(약 160억 원)을 넘어섬.

앱의 주요 기능 및 UI 디자인 특징

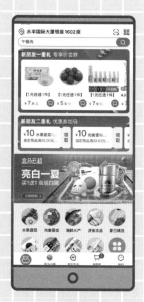

앱 홈 화면

식자재가 상세히
분류되어 있어 찾기
쉽다

레시피를 보면서
필요한 식자재를
주문할 수 있다

친구와 함께 여럿이
구매하면 할인을 받을
수 있는 서비스

로그인, 쇼핑, 지정
제품 열람 등으로
포인트가 쌓인다

자기만의 레시피, 요리
동영상을 올릴 수 있는
커뮤니티 기능

| **채팅 기능이 중국의 전자상거래를 뒤바꾸어 놓았다!?**

최근 많은 온라인 쇼핑몰에서 찾아볼 수 있게 된 채팅 문의 기능. 사실 중국에는 한참 전부터 존재했으며, 대부분의 쇼핑몰에서 이용할 수 있는 기능이다.

채팅 문의 서비스는 큐큐(28쪽 참조)의 등장에 따라 생겨났다. 중국은 통화 요금이 상당히 비싼 데다가 지역에 따라 요금도 다르다. 이 때문에 많은 기업이 창업 초기 단계부터 자사 웹사이트 문의 페이지에 전화번호가 아닌 큐큐 시스템을 넣어 채팅을 통해 문의할 수 있도록 해 놓았다.

이 시스템을 처음으로 쇼핑몰에 적용한 것은 타오바오(114쪽 참조)였다. 사용자는 제품에 조금이라도 궁금한 점이 생기면 채팅을 통해 가볍게 문의할 수 있게 되었다. 채팅은 업체 입장에서도 장점이 많은 기능이다. 반품을 줄일 수 있고, 고객과의 원활한 소통을 가능하게 하기 때문에 재구매로 이어지는 팬층을 형성할 수도 있기 때문이다. 중국의 온라인 몰은 채팅 대응에 힘을 쏟고 있어서 빠르면 10초 안에 답변이 가능하고, 말투도 친근한 인상을 준다.

무엇보다 중요한 부분은 흥정이 가능하다는 점이다. '좀 더 싸게 안 되나요?' '사은품 더 주시면 안 되나요?' 등과 같이 채팅으로 흥정을 할 수 있다. 현재 코로나로 인해 고객과의 접점을 잃게 된 기업이 정말 많다. 채팅 기능을 잘 활용하여 고객과 소통할 수 있는 다양한 창구를 마련하는 것이 문제의 주요한 해결책 역할을 할 수 있을 것이라 기대한다.

제4장

대여와 중고거래

공유를 통해 소비하다

27

알리바바 산하 중고거래 앱

셴위 (闲鱼, Xianyu)

기업명 **타오바오**

누계 사용자 수	MAU (월간 활성 사용자 수)	서비스 개시 연도
3억 명	**5,015만 명**	**2016년**

커뮤니티 기능이 특징인 중국판 '당근마켓'

셴위는 중국 최대 전자상거래 사이트인 알리바바가 운영하는 중고거래 앱이다. 이후 소개할 '위탕'이라는 커뮤니티 기능이 최대 특징인 셴위는 중고거래뿐 아니라 대여 사업도 함께 진행하고 있다.

또한 셴위는 도용 방지를 위한 본인 인증 기능이 충실하다. 출품 및 구입 시에는 앱에서 얼굴 인식을 마쳐야 하며, 출품자 정보에는 알리바바의 신용점수 '즈마신용'이 표시된다. 또한 채팅을 이용해 문제를 보고하거나 운영 회사가 중개에 나서는 등 사용자가 안심하고 거래할 수 있는 시스템이 갖춰져 있다.

대여 사업은 월간 약 3만 원 상당의 구독 방식이나 일회성 지불 방식을 선택할 수 있다(가전제품, 명품을 빌리는 경우에는 월간 약 8만 원 상당의 플래티넘 회원이 되어야 한다). 결제는 알리바바 그룹 계좌나 알리페이를 사용하기 때문에 그룹 내에 자금이 흐르도록 설계되어 있다.

한 장으로 보는 비즈니스 모델

❖ 주 수익원

　• 대여료　• 구독 수입　• 플랫폼 사용료

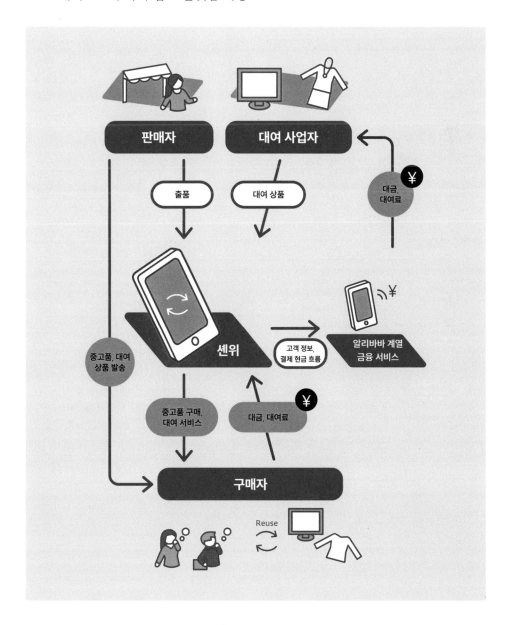

사용자 니즈와 기업의 성장 배경

셴위의 최대 특징은 '위탕'이라고 불리는 커뮤니티 기능에 있다. 위탕은 사용자가 자신의 관심사에 맞는 카페를 만들거나 참여할 수 있는 기능이다.

예를 들면, 아이돌 커뮤니티처럼 같은 관심사를 가진 사람들끼리 소통할 수 있는 '장'이 만들어져 있기 때문에 굿즈 등의 매매가 이루어지기 쉽고, 사용자 이탈도 막을 수 있다.

'위탕'에는 아이돌, 화장품, 인테리어, 완구, 자동차, 문화(음악, 서예 등), 맛집, 스포츠, 기기 설비와 같이 다양한 장르의 커뮤니티가 존재한다. 사용자는 '위탕' 관리자에게 비용을 지불해 자신이 출품한 제품을 상위에 표시할 수도 있다.

세 번의 발전

1	2016년	618 쇼핑 축제에 아이돌 카니발 실시	중국의 대형 전자상거래 기업들이 세일 하는 6월 18일에 아이돌 제품 판매를 촉구하는 이벤트를 실시. 20만 개가 넘는 '위탕'에서 1,142만 명의 사용자가 출품하면서 성행.
2	2018년	광군제 이벤트 실시	불필요한 물건을 팔아 광군제(11월 11일)에 쇼핑하자는 취지의 프로모션을 진행. 제품 수가 폭발적으로 늘면서 구매자도 함께 증가.
3	2019년	TV 프로그램 '괴짜 토크쇼' 스폰서	프로그램의 출연자가 기상천외한 물품을 출품하면서 SNS에서도 회자가 되며 인지도가 올라 사용자 수 증가.

앱의 주요 기능 및 UI 디자인 특징

앱 홈 화면. 화면
상단에서 도시를 선택할
수 있다

제품이 세분화되어 있어
검색하기 편하다

제품 바코드를 카메라로
찍으면 정보가 자동
입력된다

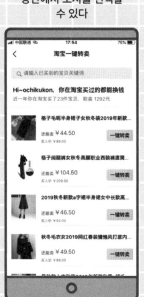

구매한 제품을
원터치로 되팔 수
있는 되팔기 기능

책과 옷, 게임 등의
중고품을 단기 대여할 수
있는 기능

다양한 그룹 안에서
정보를 공유할 수 있는
SNS 기능

28

+J

지에뎬(街电, Jiedian)

기업명 **졔뎬**		
누계 사용자 수 **2억 명**	MAU (월간 활성 사용자 수) **1,100만 명**	서비스 개시 연도 **2017년**

[급할 때 바로 이용할 수 있는 점이 장점인 앱]

지에뎬은 보조 배터리를 대여해 주는 서비스다. 사용자는 음식점, 호텔 등에 설치된 대여기에 결제 바코드를 갖다 대기만 하면 해당 서비스를 이용할 수 있다.

　요금은 1시간에 500원 정도로, 시간대나 장소에 따라 가격이 달라진다. 위챗의 미니 프로그램으로도 서비스를 이용할 수 있어서 위챗 사용자라면 신규 회원 등록이나 앱을 설치할 필요가 없다. 이전에는 이용 시에 만 오천 원 정도의 보증금이 필요했지만, 현재는 즈마신용의 신용 정보를 활용하면 면제되기 때문에 사용자 수도 폭발적으로 증가했다. 대여기나 배터리 본체에 기업 광고를 붙이면서 광고 수입도 얻고 있다.

　공유 배터리 서비스는 중국에서 가장 성공한 공유 서비스라고 불리며, 최근에는 다중뎬핑(58쪽 참조)도 사업에 뛰어들었다.

한 장으로 보는 비즈니스 모델

❖ **주 수익원**

　　・대여료　・광고료

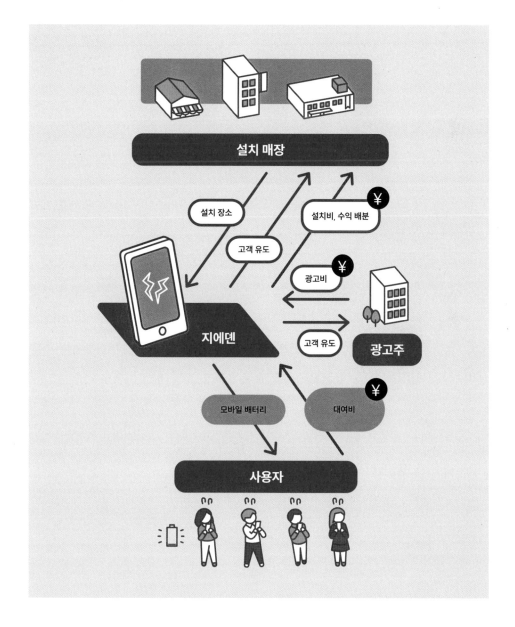

앱의 주요 기능 및 UI 디자인 특징

앱 홈 화면.
충전기 위치가
지도상에
표시된다

근처 설치
장소와 충전기
종류, 이용
현황을 확인할
수 있다

음식점, 영화관
등 설치 시설
형태로도 검색
가능

내비게이션
기능이 있어
설치 장소까지
길을 안내해
준다

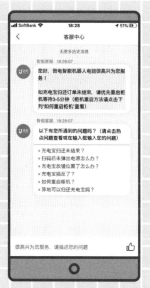

채팅으로 문제를
공유하거나
질문할 수 있다

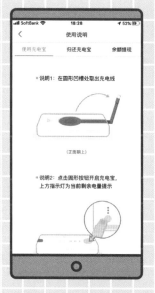

앱에서 보조
배터리 사용법도
확인할 수 있다

포인트를 쌓아
다양한 제품과
교환 가능

플래티넘 회원은
하루 5시간까지
무료로 이용
가능

29

BG

안 쓰는 명품을 간단히 빌려줄 수 있는

바이거(百格, BG)

기업명 **바이거**		
누계 사용자 수 **비공개**	MAU (월간 활성 사용자 수) **비공개**	서비스 개시 연도 **2017년**

구찌 가방이 하루 3천 원부터.
가볍게 빌릴 수 있는 부분이 강점

바이거는 개인이 쓰지 않는 명품을 맡아 대여해 주거나 판매하는 서비스다. 예를 들면 구찌 가방은 하루 3천 원 정도에 빌릴 수 있다. 대여 기간은 주로 1~3주 정도로, 월 7만 원 상당의 구독 회원이 되면 무제한으로 빌릴 수 있다(일부 별도 요금이 추가되는 제품도 있다). 빌린 상품이 마음에 들면 그대로 구매도 가능하다. 즈마신용 점수가 650점 이상인 사용자는 보증금 없이 이용 가능하다.

그 외에도 가방 세탁, 관리, 수선, 염색을 주문에서 결제, 배송까지 원스톱으로 이용할 수 있으며 바이거 소속 감정사가 감정 서비스도 진행한다.

중국에서 2007~2016년에 판매된 고급 브랜드 가방은 1조 위안(약 150조 원)에 달한다. 하지만 중고품 거래는 판매량의 3~5%밖에 되지 않는다. 바이거는 중고 가방으로 수익을 얻고자 하는 잠재적 니즈를 발굴해 성공한 사례라고 볼 수 있다.

한 장으로 보는 비즈니스 모델

❖ 주 수익원

· 대여료 · 서비스 수수료 · 쇼핑몰 수입

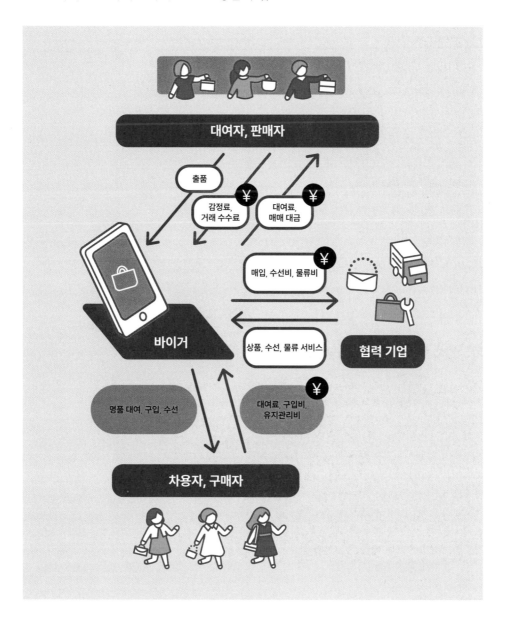

앱의 주요 기능 및 UI 디자인 특징

앱 홈 화면

깔끔한 UI로
세련된 이미지

빌리는 것뿐
아니라 구매도
가능하다

위챗페이,
알리페이로
결제할 수 있다

사진 감정과
실물 감정을
선택해 이용할
수 있다

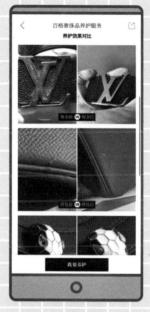

세탁, 수선 등의
서비스도 이용
가능하다

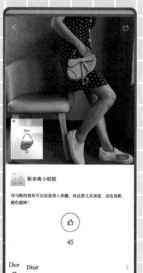

가방 사진 등을
공유할 수 있는
SNS 기능

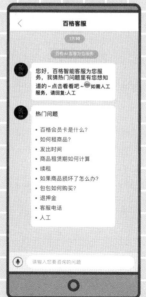

채팅으로 문의도
가능하다

30

瓜子

중개업자 없이 앱으로 자동차 사고팔기

과쯔 (瓜子二手车, Guazi)

기업명 **처하오둬** (Che Hao Duo)

누계 사용자 수	MAU (월간 활성 사용자 수)	서비스 개시 연도
비공개	**448만 명**	**2015년**

[자동차 검색은 물론, 앱에서 구매까지 가능]

과쯔는 중고차 판매점과 개인이 자동차를 매매할 수 있는 앱이다. 중개업자를 통하지 않고 판매자와 구매자를 직접 매칭하는 점이 특징이다. 따라서 개인도 앱을 이용해 자신의 차를 팔 수 있다. 차종, 연식, 주행 거리를 입력하면 곧바로 견적이 표시되고, 같은 차종의 시세도 확인할 수 있다.

라이브 방송으로 자동차를 판매할 수도 있으며, 라이브 화면에 떠 있는 버튼을 누르면 바로 구매할 수 있다. 가격 협상과 성공 확률을 AI가 예측해 주는 기능이 있어 희망 할인 금액을 입력하면 할인 성공률이 표시된다. 앱에서 대출을 신청할 수 있는 '원클릭 대출' 기능도 탑재되어 있어 거주지와 신원 정보 등을 입력하기만 하면 대출 한도액을 알아볼 수 있고 상환, 미상환금도 확인할 수 있다.

과쯔는 자동차 외에도 오일과 같은 자동차용품 구매, 수리 예약, 코딩 의뢰 등 다양한 서비스를 이용할 수 있어 편리하다. 또 온라인뿐 아니라 매장에서도 서비스를 이용할 수 있다.

한 장으로 보는 비즈니스 모델

❖ **주 수익원**

· 서비스 이용료 · 매칭 수수료 등

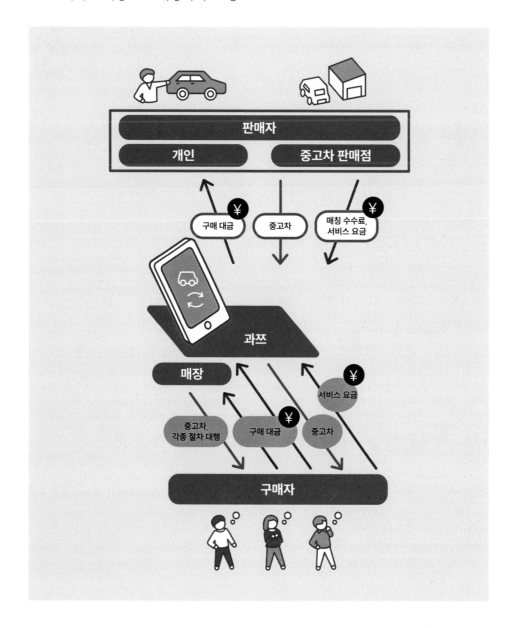

사용자 니즈와 기업의 성장 배경

과쯔의 성장 포인트는 '중국 전국의 판매자, 구매자 매칭' '신뢰' '편리성 향상' 등 세 가지로 추릴 수 있다.이다. 지금까지 중국의 중고차 시장은 같은 지역 내에서의 거래가 주류였기에 지역 간의 가격 차가 컸다. 그런데 전국의 판매자와 구매자를 매칭하면서 적정 가격에 매매가 가능해졌다.

또한 과쯔는 모든 차의 독자적 검사 항목 결과 259가지를 공개하고 있다. 문제가 있는 부분은 사진을 첨부하여 설명하고, 문제점만을 골라 확인할 수 있어서 안심하고 구매할 수 있다. 또 구매 후 일주일 이내라면 반품도 가능하고, 1년 혹은 2만 km까지 품질 보증 서비스도 제공한다.

기능 면에서도 전술한 원클릭 대출 서비스가 특히 인기를 끌고 있으며, 치열한 경쟁 속에서 고객 체험 향상으로 우위성을 확보하고 있다. 직영점에서는 중고차 등록 변경과 보험 등의 서비스도 함께 제공한다.

세 번의 발전

1	2018년	직영점 오픈. 원스톱 종합 서비스 제안	구매부터 신청, 보험 가입 등의 각종 절차를 원스톱으로 이용할 수 있게 됨.
2	2019년	알리바바 산하 중고차 플랫폼과 제휴	'타오바오 중고차'와 제휴. 중고차, 부품 옥션, 중고차 유통 등의 분야에서 협력하며 고객 유도에 성공.
3	2019년	'전국 구매' 사업 개시, 지역 간 격차 해소	판매자와 구매자를 효율적으로 매칭하여 기존 중고차 시장의 지역 간 가격 차이를 해소, 적정 가격에 차량을 사고팔 수 있게 됨. 이에 따라 중고차 유통을 가속시켜 업계의 비즈니스 모델 혁신으로 이어짐.

앱의 주요 기능 및 UI 디자인 특징

앱 홈 화면

차종, 연식, 가격, 국가
등 다양한 요소로
검색할 수 있다

상세 정보는 글 외에도
동영상으로도 확인할
수 있다

판매점 직원에게
일대일로 설명을 들을
수 있다

자동차용품을 구매할
수 있는 쇼핑몰 기능

자동차 관련 뉴스,
정보도 확인할 수 있다

31

중국 최대 자전거 공유 앱

모바이크 (摩拜单车, Mobike)

기업명 **모바이**		
누계 사용자 수 **1억 명**	MAU (월간 활성 사용자 수) **4,899만 명**	서비스 개시 연도 **2016년**

[자전거 공유 서비스의 선구적 존재]

모바이크는 중국뿐 아니라 전 세계에서 자전거 공유 서비스를 제공하고 있다. 2만 대 이상을 운영하며, 하루 사용자가 약 3,200만 명에 달할 정도로 인기다. 2018년에는 메이퇀에 인수되었다. 일본과 한국에서도 서비스를 제공했었으나 2019년에 철수한 바 있다.

사용법은 무척 간단하다. 메이퇀 앱을 켜서 자전거에 붙어 있는 QR 코드를 읽어 들이기만 하면 잠금장치가 풀려 자전거를 사용할 수 있다. 목적지에 도착하면 근처 주차장에 자전거를 세우고 잠가놓으면 자동으로 결제된다. 원래 있던 장소에 돌려놓을 필요는 없다. 모든 자전거는 GPS로 관리되고 있어 사용자는 이용 가능한 자전거를 손쉽게 검색할 수 있다.

모바이크는 독자적 스마트 바이크 개발에 주력하고 있는데, 편리한 사용법 또한 이러한 연구 개발의 성과라고 할 수 있다. 요금은 최초 15분 동안 약 2천 원, 이후에는 15분마다 750원 정도가 들며, 위챗 미니 프로그램으로도 이용할 수 있다.

한 장으로 보는 비즈니스 모델

❖ **주 수익원**

　· 대여료 　· 광고료 등

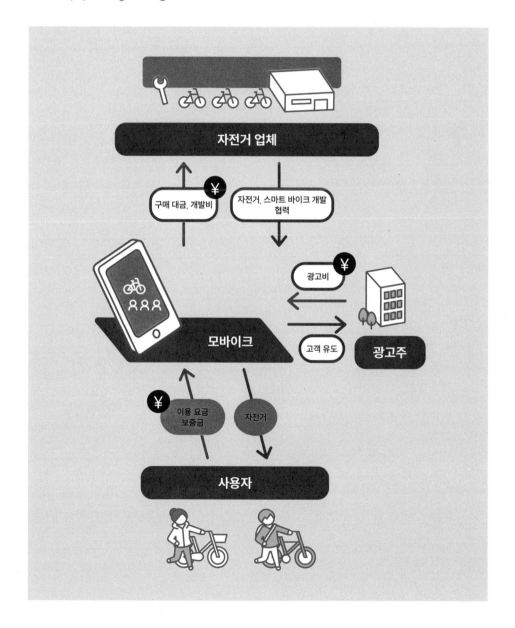

사용자 니즈와 기업의 성장 배경

중국에서는 교통 혼잡과 소음을 유발한다는 이유로 오토바이와 스쿠터 이용을 금지하는 도시가 많다. 또한 대기 오염과 차량 정체 해소를 위해 국가와 지방 정부가 공유 자전거 보급에 적극적으로 나서고 있다.

게다가 중국은 도심부라도 역과 역 사이의 간격이 넓어(2~3km) '마지막 1마일'을 위한 이동 수단에 대한 니즈가 크기 때문에 모바이크는 도시를 중심으로 인기를 얻으며 급성장을 이뤘다.

한때는 실적이 악화되었지만, 메이퇀에 인수된 이후 자전거 재배치와 신규 개발, 이용료 재검토, 브랜드 '메이퇀단처'로의 전환, 메이퇀 예약 서비스 연계 등의 혁신으로 실적을 회복했다. 현재는 메이퇀 그룹의 서비스로 사업을 전개하고 있다.

세 번의 발전

1	2017년	위챗과 전략적 제휴	전략적 제휴로 9억 명의 위챗 사용자가 위챗 월렛 페이지에서 모바이크로 바로 접속할 수 있게 됨. 서비스 개시 후 한 달 만에 월간 활성 사용자 수가 2배(전년 동월 대비)로 증가.
2	2017년	대형 캠페인 실시	경쟁 서비스 오포ofo와 고객 쟁탈전이 격화됨에 따라 신규, 기존 사용자 대상으로 30일간 무료로 이용할 수 있는 카드를 천만 장 배부하는 캠페인을 실시. 그 결과, 일간 활성 사용자 수DAU가 2만 명 증가.
3	2018년	메이퇀 산하로 편입	17년 후반에서 18년 전반에 걸쳐 실적이 악화하여 메이퇀에 인수됨. 이후 다양한 전략에 따라 실적 회복.

앱의 주요 기능 및 UI 디자인 특징

앱 홈 화면

잠금을 풀면 주차
가능한 자전거
주차장이 표시된다

결제는 위챗페이를
충전해서 사용한다

일정 기간 무제한으로
이용 가능한 패키지
상품

이용 현황에 따라
점수가 올라가면
혜택을 받을 수 있다

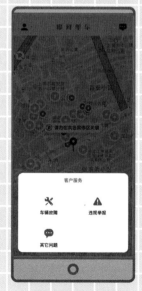

고장, 위반 신고, 각종
문제 보고도 앱에서
간단히 처리할 수 있다

32

알리바바 출신 창업자가 만든 배차 앱

디디추싱 (滴滴出行, DiDi)

기업명 **샤오쥐** (Xiaoju)

누계 사용자 수	MAU (월간 활성 사용자 수)	서비스 개시 연도
5.5억 명	**4억 명**	**2012년**

['우버'마저 삼킨 중국 최대 배차 서비스]

디디추싱은 중국 시장을 독점하고 있는 배차 서비스다. 2016년에는 미국의 대형 배차 서비스인 우버 중국 사업을 인수하며 점유율 1위의 자리를 차지했다. 사용자는 앱을 이용하여 자신이 있는 장소까지 차를 부를 수 있다. 제휴 운전사뿐 아니라 제휴된 택시 회사도 이용할 수 있다.

그 외에도 목적지가 비슷한 사람을 매칭하여 함께 이용할 수 있는 카풀 서비스, 고급 차량을 지정하여 부를 수 있는 서비스, 대리운전, 자동차 리스(한 달 단위), 공유 자전거, 장보기 대행, 짐 운반, 대중교통 경로 검색 등의 다양한 서비스를 제공한다. 또한 교통뿐 아니라 금융이나 생활 관련 서비스도 제공하고 있다.

예정된 주행 경로를 벗어나면 알림이 표시되거나 앱에서 바로 경찰에게 신고할 수 있는 기능 등 안전 면에서도 충실하다. 자동차가 없어도 차량을 빌려 운전사로 일할 수 있는 점도 특징적이다.

한 장으로 보는 비즈니스 모델

❖ **주 수익원**

· 운임 · 광고료 · 차량 리스 요금 등

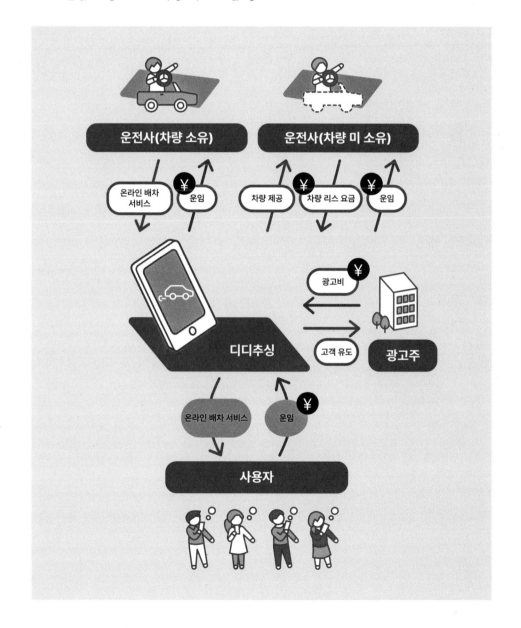

사용자 니즈와 기업의 성장 배경

디디추싱은 당사의 성장 가능성을 엿본 여러 기업의 투자로 성장의 발판을 마련할 수 있었다. 벤처 캐피털과 텐센트, 알리바바, 핑안그룹PING AN 등의 중국 기업, 소프트뱅크와 토요타, 애플 등의 세계적 기업이 디디추싱에 투자했다.

2016년에는 세계 최대 배차 서비스인 우버의 중국 사업을 인수하면서 중국 내 최대 점유율을 확보하게 되었다. 현재는 중국의 새롭게 떠오르는 3대 IT 기업인 TMD(틱톡, 메이퇀, 디디추싱) 중 하나로 주목받고 있다.

일본에서도 소프트뱅크와 협력하여 서비스를 시작했으며, 한국을 비롯한 세계 시장 진출을 노린 바 있다.

세 번의 발전

1	2014년	위챗과 전략적 제휴	위챗에서도 이용할 수 있게 되었으며, 위챗페이로 결제하면 요금을 돌려주는 캠페인을 진행. 2014년 3월, 사용자 수는 1억 명, 운전사는 100만 명을 넘어섬.
2	2016년	우버 중국 사업 인수	우버를 인수함에 따라 디디추싱은 중국 최대 배차 서비스 제공자로 우뚝 서게 됨. 인수 후 우버 글로벌Uber Global은 디디추싱의 주식 5.89%를 보유하게 되었으며, 서로 주식을 보유한 소수 주주가 됨.
3	2018년	블루고고Bluegogo 일부 인수	디디추싱은 중국의 공유 자전거 서비스 오포의 최대 주주로, 이미 해당 사업을 진행하고 있지만, 사업 강화를 위해 동종 업계 기업인 블루고고를 일부 인수. 70만 대의 자전거와 천만 명의 사용자, 블루고고의 기술을 손에 넣음.

앱의 주요 기능 및 UI 디자인 특징

앱 홈 화면

사용자 근처의 차량이
표시되어 가장 가까운
차를 불러낼 수 있다

목적지가 같은
사람들이 이용하는
카풀 서비스

운전자가 위험 운전을
하는 경우, 앱으로
경찰을 부를 수 있다

보험, 대출 등의 금융
서비스도 이용할 수
있다

앱에서 운전자로
등록할 수 있다

중국에서는 현재 모바일 결제 사용자가 7억 7천만 명을 넘어섰으며, 일상에서 현금을 사용하는 사람은 극소수다. 지갑을 들고 다니지 않는 사람도 많다. 중국의 캐시리스 결제가 이만큼 성장한 가장 큰 요인은 사용 편리성에 있다.

중국은 알리페이와 위챗페이의 두 가지가 모바일 결제 시장을 독점하고 있는데 서비스 개시 이전부터 많은 사용자를 확보하고 있었기 때문에 타사 진출을 저지할 수 있다는 배경이 있다. 결과적으로, 이 두 가지 계정을 가지고 있으면 어디에서든 결제할 수 있는 환경이 중국의 캐시리스 사회를 만들었다고 할 수 있다.

가게 입장에서도 편리하기는 마찬가지다. 종이에 인쇄해 놓은 QR 코드를 보고 고객이 직접 결제할 수 있기 때문에 계산대를 마련하거나 거스름돈을 준비해 놓을 필요가 없다. 전기도 필요 없어서 아래 사진과 같이 포장마차 형태의 가게에서도 충분히 이용할 수 있다.

축하 선물이나 감사의 선물로 송금을 하거나 자산 운용, 관리 서비스도 이용할 수 있어 캐리시스 결제는 생활에 필수 불가결한 서비스로 정착하게 되었다.

제5장

엔터테인먼트

다양한 방식으로 즐기다

33

더우위(斗鱼, DouYu)

기업명 **더우위**		
누계 사용자 수 **비공개**	MAU (월간 활성 사용자 수) **1.7억 명**(웹 버전 포함)	서비스 개시 연도 **2014년**

[관전 중에 댓글을 달거나 유료 후원도 가능]

더우위는 e스포츠 중심 라이브 중계 플랫폼이다. 일본의 '니코니코 동화'나 한국의 '아프리카TV'처럼 화면에 댓글이 올라오는 자막 방식의 영상을 방송, 시청할 수 있다.

'리그 오브 레전드' '왕자영요 Honor of Kings' '오버워치' 등의 인기 게임을 중심으로 매일 e스포츠 경기, 플레이 영상이 방송된다. 시청자는 선수나 스트리머에게 댓글을 남기거나 유료 후원을 할 수 있다.

그 외에도 같은 관심사를 가진 사람끼리 대화를 나눌 수 있는 커뮤니티 기능이나 게임 관련 상품을 구매할 수 있는 쇼핑몰 등 다양한 서비스를 제공한다. 오프라인에서는 대규모 이벤트(e스포츠 대회)도 개최하고 있다.

2019년에는 나스닥에 상장하면서 7억 7,500만 달러(약 8,400억 원)를 조달했다. 또 같은 해에는 일본 미쓰이물산과의 제휴를 발표했다. 2020년 텐센트 산하의 경쟁 기업 '후야 Huya'와의 합병을 발표한 바 있다(2021년 7월 합병 무산).

한 장으로 보는 비즈니스 모델

❖ **주 수익원**

· 유료 후원금 배분 · 광고료 · 게임 판매 수익 배분

· 구독 수입 · 쇼핑몰 수입 등

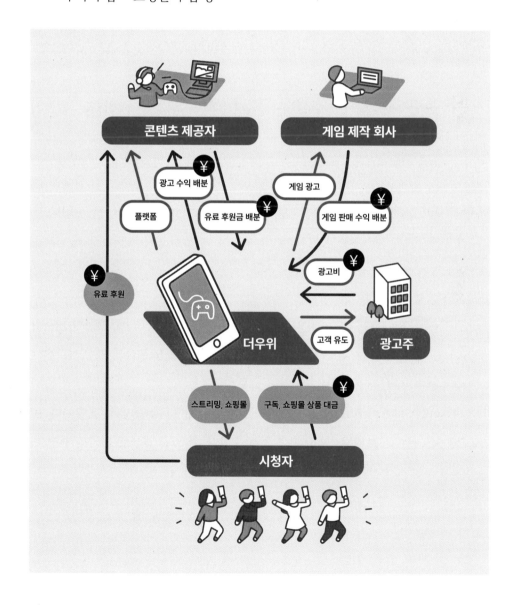

앱의 주요 기능 및 UI 디자인 특징

앱 홈 화면

게임별 검색이
가능해
편리하다.
자신이 원하는
검색 카테고리를
설정할 수도
있다

스트리머가
사용하는 무기
등을 지정하여
검색할 수도
있다

매일 수많은
경기(대전 영상),
게임 라이브
영상이 올라온다

영상을 보면서
다른 콘텐츠를
검색할 수도
있다

라이브 룸에서는
댓글을 달거나
스트리머에게
유료 후원을 할
수 있다

라이브 룸에는
댓글 표시 외의
인터페이스도
있다

특정 게임, 기타
콘텐츠와 관련된
토론과 라이브
영상이 올라오는
커뮤니티 기능

34

영화, 극장 티켓 종합 판매 앱

마오옌 (猫眼, Maoyan)

기업명 **마오옌 엔터테인먼트**

누계 사용자 수	MAU (월간 활성 사용자 수)	서비스 개시 연도
3.5억 명	**196만 명**	**2013년**

[코로나 이후 동영상 스트리밍 서비스도 개시]

마오옌은 중국 최대의 영화 예매 플랫폼이다. 앱 하나로 중국 전국의 영화관 티켓뿐 아니라 연극, 라이브, 발레, 콘서트, 전시회 티켓 등도 구매할 수 있다.

이외에도 마오옌은 팝콘, 스낵과 같은 음식 또는 굿즈를 구매하는 기능, 후기 작성 및 예고편 시청 기능, 커뮤니티 기능, 엔터테인먼트 관련 소식을 받아보는 기능 등 다양한 서비스를 갖추고 있다. 특히 커뮤니티 기능은 사용자끼리 영화 후기나 배우, 아이돌에 대한 정보 공유를 가능하게 하였다. 개설 당시에는 주로 마오옌이 운영하였지만, 점차 사용자 주도로 변화하면서 현재는 수많은 사용자 커뮤니티가 개설되었다.

2017년에는 영화 제작에도 나섰다. 영화사와 공동으로 30편 이상의 영화 및 영상 콘텐츠를 제작했다. 코로나바이러스가 확산되면서 동영상 스트리밍 서비스도 개시했다. 또 같은 해에는 위챗 미니 프로그램을 출시했다. 이후 사용자 수가 급격히 늘어나면서 2020년 10월에는 미니 프로그램 경유 사용자가 3억 명을 넘어섰다.

한 장으로 보는 비즈니스 모델

❖ **주 수익원**

· 티켓 수익 배분 · 쇼핑몰 수입 · 구독 수입 등

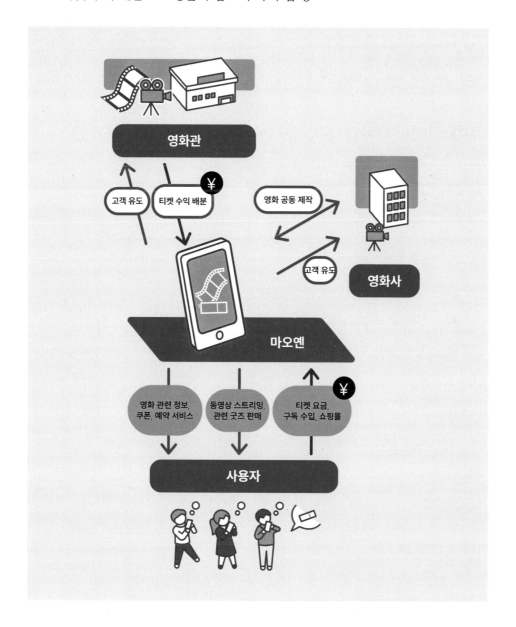

앱의 주요 기능 및 UI 디자인 특징

앱 홈 화면

영화 검색, 예약 화면

예약 화면에서 팝콘, 음료수 등을 예약, 결제할 수 있다

영화뿐 아니라 연극, 콘서트, 오페라, 스포츠 등의 다양한 행사를 예약할 수 있다

영화관, 극장,
행사장으로 가는
길을 알려주는
내비게이션 기능

영화 예고편은
물론, 해설
영상도 볼 수
있다

온라인 영상
스트리밍
서비스.
중국뿐 아니라
한국, 일본,
유럽 영화를
4.9위안(약
800원)에 볼 수
있다.

영화 관련 굿즈
등을 구매할 수
있는 쇼핑몰
기능

35

唱

창바 (唱吧, Changba)

기업명 **창바**		
누계 사용자 수 **5억 명**	MAU (월간 활성 사용자 수) **2,891만 명**	서비스 개시 연도 **2012년**

[노래방 버전 '틱톡'이라 할 수 있는 인기 서비스]

창바는 노래방 소셜 앱이다. 혼자서 노래방을 즐기는 것은 물론, 자신만의 뮤직비디오를 찍거나 라이브 방송을 진행할 수도 있다. 촬영한 영상은 웨이보, 위챗, 큐큐 등의 SNS에도 올릴 수 있다.

온라인상에서 '방'을 만들어 다른 사용자와 함께 노래를 부를 수도 있다. 에코나 리버브 등의 음향 효과나 사용자의 목소리를 자동 보정하는 기능도 탑재되어 있으며, 유료 서비스를 이용하면 반주 음질이 향상되거나 AI가 목소리를 자동으로 조정해 준다.

사용자는 앱 내에 자신의 페이지를 개설해 다른 사용자와 교류할 수 있다. 유료 후원 기능도 존재해 좋아하는 사용자에게 후원할 수도 있다. 또 1~2명이 이용할 수 있는 동전 노래방 형태의 점포를 거리(줄이 늘어선 인기 음식점 옆이나 상업 시설 내)에 설치한 것도 창바의 큰 특징이다.

한 장으로 보는 비즈니스 모델

❖ 주 수익원

- 이용료 · 수익 배분 · 점포 매출

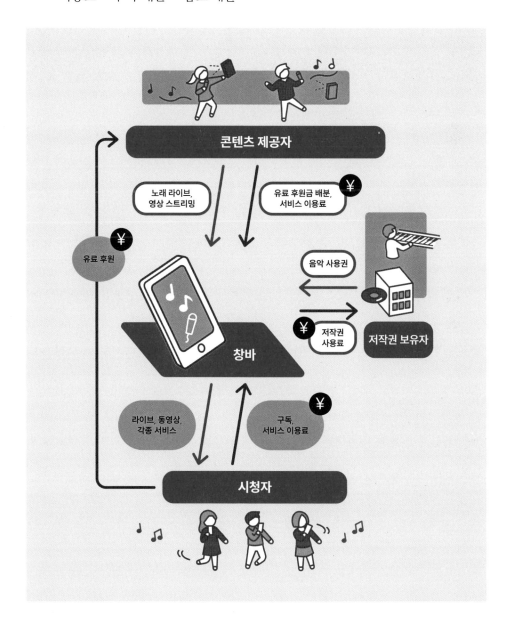

사용자 니즈와 기업의 성장 배경

한국, 일본과 동일하게 중국에서도 노래방은 인기 있는 엔터테인먼트다. 창바는 '시간, 장소에 구애받지 않고 노래방을 즐기고 싶다'는 잠재적 니즈를 온라인 노래방이라는 형태로 실현시켰다.

창바의 특징이기도 한 커뮤니티 기능과 유료 후원 기능은 KOL과 같은 인기 스트리머를 탄생시켰고, 이에 따라 새로운 시장을 만들어 냈다. 2017년에는 노래방 부스를 제작하는 '미니KTV사'에 출자하면서 위 사진과 같은 노래방 부스를 영화관이나 인기 음식점 근방에 설치했다. 사용자는 영화 상영 시간 전이나 식당 대기 시간 동안 노래방을 이용할 수 있다.

세 번의 발전

1	2012년	텐센트와 제휴	텐센트의 SNS 큐큐와 연계. 당시 큐큐 경유 사용자가 절반 이상을 차지함.
2	2013년	SNS 연결 로그인 서비스 개시	웨이보, 큐큐와 같은 소셜 계정을 통해 로그인이 가능해짐. 사용자의 SNS 네트워크를 활용하여 앱 인지도 향상.
3	2017년	미니KTV사에 전략적 출자	출자 후, 미니KTV의 미니 노래방 부스를 거리에 설치. 오프라인 사업에도 진출.

앱의 주요 기능 및 UI 디자인 특징

앱 홈 화면

실제 노래방과 동일한
시스템을 채용한 검색
기능

노래방 기능 UI. 채점
기능, 각종 조정 기능도
있다

여러 사람과 실제로
노래방에 온 것처럼 즐길
수 있는 기능

다른 사용자가 올린 노래
영상도 볼 수 있다

이성을 랜덤으로
매칭하여 함께 노래할 수
있는 기능

36

커뮤니티 기능이 강점인 음악 앱

넷이즈 클라우드 뮤직 (网易云音乐, NetEase Cloud Music)

기업명 넷이즈		
누계 사용자 수 **10억 명**	MAU (월간 활성 사용자 수) **8,895만 명**	서비스 개시 연도 **2013년**

[사용자 수 8억 명 이상의 중국 최대 음악 플랫폼]

넷이즈 클라우드 뮤직은 스포티파이Spotify와 페이스북을 합쳐놓은 듯한 음악 앱이다. 기본적으로는 무료로 이용할 수 있지만, 월 15위안(약 2천 원)의 구독 회원이 되면 들을 수 있는 음악이 많아지고, CD 수준의 음질로 품질이 향상된다.

팟캐스트나 사용자가 제작하여 올린 음악도 들을 수 있다. AI가 음악을 추천해 주는 기능도 탑재되어 있어 사용자의 취향을 학습하여 시간이 지날수록 취향에 꼭 맞는 곡을 알아서 재생해 준다.

넷이즈 클라우드 뮤직의 최대 장점은 플레이리스트를 중심으로 한 커뮤니티 기능이다. 사용자는 자신이 만든 플레이리스트를 공유할 수 있으며, 사용자끼리 팔로우를 통해 교류할 수 있는 기능뿐만 아니라 틱톡과 같이 동영상을 올릴 수 있는 기능도 갖추고 있다. 사용자 자신이 DJ가 되어 음악, 최신 뉴스, 이야깃거리를 담은 음성 파일을 올릴 수 있는 '개인 FM' 기능도 갖추고 있어 누구나 손쉽게 스스로를 표현할 수 있다.

한 장으로 보는 비즈니스 모델

❖ **주 수익원**

· 구독 수입 · 이용료 · 광고료 등

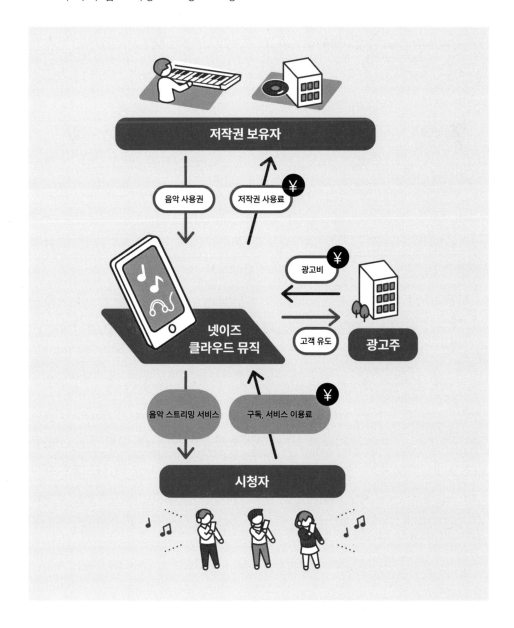

사용자 니즈와 기업의 성장 배경

넷이즈 클라우드 뮤직의 강점은 전술한 커뮤니티 기능이다. 특히 플레이리스트를 공유할 수 있는 기능이 인기가 높다. 2021년 현재 21억 개의 플레이리스트가 존재하며, 16억 회 이상 재생된 목록도 있다.

음악 재생 데이터를 분석하여 비슷한 취향의 사용자를 매칭해 주는 커뮤니티 기능에도 힘을 쏟고 있다. 넷이즈 클라우드 뮤직의 주 사용자는 젊은 층이지만, 최근에는 육아 세대의 이용도 도모하고 있다.

육아 채널 기능을 출시하여 태교, 아이 재우기, 지육, 유아 교육 등에 활용할 수 있는 음악과 콘텐츠를 늘리고 있다. 새로운 사용자 획득 외에도 유소년기부터 앱 접촉을 늘려 미래 사용자로 양성하려는 목적도 있는 것으로 보인다.

세 번의 발전

1	2013년	AI 추천 기능 출시	사용자 취향에 맞는 노래를 추천. 그룹 산하 클라우드 서비스 기술을 이용하여 아카이브 클라우드, 스팸 대응 클라우드 등의 서비스를 제공. 경쟁 기업과 기술적 차별화를 꾀함.
2	2016년	개인 플레이리스트 기능 출시	출시 직후인 2016년 상반기에 사용자가 만든 플레이리스트가 8천만 개를 돌파. 하루에 42만 건의 플레이리스트가 작성되었고 가장 인기 있는 플레이리스트는 반년간 299만 회나 재생됨.
3	2017년	사용자 댓글로 디자인한 전철 광고 진행	'좋아요' 획득 건수가 많은 사용자 댓글 5천 건을 모티브로 디자인한 전철 래핑 광고 진행. 큰 인기를 얻으며 사용자 수 3억 명을 돌파. 80억 위안(약 1조 2,950억 원)의 광고 효과를 낳음(금액은 당사 추정액).

앱의 주요 기능 및 UI 디자인 특징

앱 홈 화면

노래뿐 아니라 뮤직
비디오도 시청할 수
있다

제목을 모르는 곡도
콧노래로 검색할 수
있다

다른 사용자와의
소통이 가능한
라이브룸 기능

비슷한 음악 취향의
사용자를 매칭해
준다

라이브, 콘서트 티켓
예약, 구매도 가능하다

37

iQIYI

바이두 산하 동영상 스트리밍 서비스

아이치이(爱奇艺, iQIYI)

기업명 아이치이

누계 사용자 수	MAU (월간 활성 사용자 수)	서비스 개시 연도
1.19억 명	**6.4억 명**	**2010년**
(유료 회원 기준. 그 외에는 비공개)		

[사용하기 편리한 UI로 검색도 간단하게]

아이치이는 바이두 산하의 서비스로, 넷플릭스와 유사한 앱이다. 동영상 스트리밍 서비스에만 국한하지 않고 쇼핑몰, SNS, 라이브 동영상, 게임, 웹툰, 전자 서적, 티켓 판매 등의 다양한 서비스를 제공한다.

제공하는 동영상도 영화, 드라마뿐 아니라 학생을 위한 학습 동영상과 같이 다양한 장르의 영상이 존재한다. 인터페이스가 사용하기 무척 편리한데, 방대한 콘텐츠 중에서 장르, 국가, 연대 등의 각종 조건을 설정하기만 하면 보고 싶은 콘텐츠를 쉽게 찾을 수 있다. 영화에서 특정 배우가 등장하는 장면만을 골라 재생하는 기능도 존재한다.

아이치이의 유료 회원이 되면 광고 없이 동영상을 볼 수 있으며, 유료 회원 한정 콘텐츠도 시청 가능하다. 연회비는 골드 회원이 178위안(약 3만 원), 다이아몬드 회원이 400위안(약 6만 원) 정도다. 두 회원제의 차이는 주로 콘텐츠를 TV로 시청할 수 있는가 하는 부분이다.

한 장으로 보는 비즈니스 모델

❖ **주 수익원**

· 구독 수입 · 서비스 이용료 · 쇼핑몰 수입

· 수익 분배 · 광고료 등

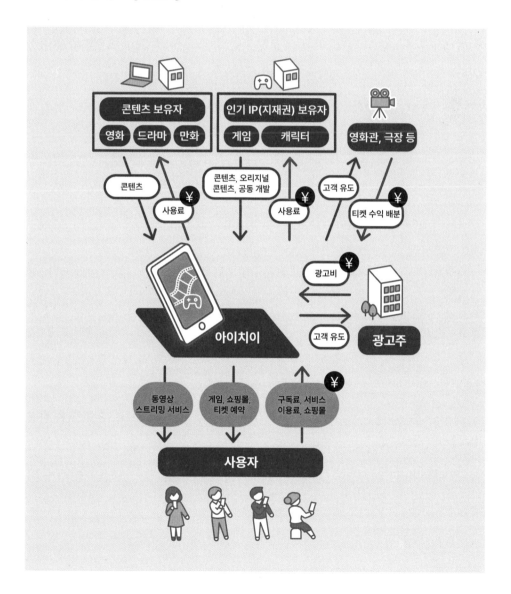

사용자 니즈와 기업의 성장 배경

아이치이는 2013년 모회사 바이두가 당시 인기 있는 온라인 비디오 사이트 'PPS'를 3.7억 달러(약 3,730억 원)에 인수해 아이치이와 통합하면서 높은 점유율을 획득하게 되었다.

이후 장난감, 애니메이션 굿즈, 게임기 등을 취급하는 쇼핑몰과 SNS 기능, 개인이 동영상을 제공할 수 있는 라이브 스트리밍 기능을 추가하면서 다기능화를 추진했다. 특히 SNS 기능은 자신의 페이지를 자유롭게 꾸밀 수 있는 스킨 기능까지 탑재되어 본격적인 서비스로도 손색이 없을 정도다.

또한 역사나 문화, 비즈니스, 초등학생~대학생 대상 학습 등의 지식 콘텐츠가 풍부해 각 분야를 공부하기 위해 이용하는 사용자가 많은 점도 특징 중 하나로, 기존 사용자층과는 다른 사용자를 확보하는 데 공헌하고 있다.

2015년에는 중국의 인터넷 저작권 관련 환경이 바뀌면서 콘텐츠를 자체 제작하기 시작했고, 2017년에는 넷플릭스와 제휴하는 등 사업의 폭을 넓혀가고 있다.

세 번의 발전

1	2015년	춘절련환만회 독점 인터넷 방송권 획득	연말 인기 프로그램 '춘절련환만회(CCTV에서 방영)' 1,400만 명이 생방송으로 시청했으며, 인터넷 생방송 세계 기록을 경신. 이에 따라 회원 수도 폭발적으로 증가.
2	2017년	넷플릭스와 오리지널 작품 라이선스 계약 체결	수많은 미국 드라마를 시청할 수 있게 되어 유료 회원이 대폭으로 증가. 아이치이가 만든 영화, 드라마도 넷플릭스에서 시청 가능.
3	2018년	나스닥 상장	3월 상장 이후 3개월 만에 주가가 2배로 치솟으며 시가 총액은 30조 원을 돌파.

앱의 주요 기능 및 UI 디자인 특징

앱 홈 화면

지역, 장르, 연도 등의
다양한 카테고리로
검색 가능

동영상 실시간 랭킹도
확인 가능

사용자끼리 교류할 수
있는 SNS 기능

게임 라이브 방송도
올라온다

학생들의 학습을 위한
다양한 지식 콘텐츠도
열람할 수 있다

| ## 중국 앱에 커뮤니티 기능이 탑재되어 있는 이유

지금까지 소개했듯이 중국은 거의 모든 앱(쇼핑, 뉴스, 생활 관련 앱 등)에 SNS 기능이 탑재되어 있다. 그 이유는 신규 사용자 확보와 이탈 방지 때문이다. 온라인 서비스로 수익을 얻기 위해서는 사용자 수를 늘리는 것이 필수적이다.

이를 위해서는 신규 사용자 확보와 기존 사용자의 이용 지속률 향상이 중요하다. SNS 기능은 콘텐츠 공유를 통해 잠재 고객을 끌어들이거나, 앱 내에서 인간관계를 구축해 귀속 의식을 다지게 만드는 중요한 역할을 하는 무기다.

중국에서는 웨이보와 같은 주요 SNS 외에도 자동차를 좋아하면 ○○앱 커뮤니티를 이용하고, 요리를 좋아하면 ××앱 커뮤니티를 이용하는 식으로 다양하게 SNS를 활용한다. 예를 들어 앞서 소개한 샤추팡(92쪽 참조)에는 레시피 페이지 외에도 독립된 SNS 기능이 있어 같은 취향을 가진 사람끼리 커뮤니티를 형성할 수 있다. 샤추팡과 비슷한 앱인 일본의 '쿡패드'도 레시피를 다른 SNS에 공유하거나 '쓰쿠레포' 기능을 이용해 레시피 페이지 안에서 게시자와 소통할 수 있지만 '커뮤니티'를 만들 수 있는 기능은 존재하지 않는다.

차별화된 SNS 기능을 탑재하기 위해서는 상당한 개발 비용이 든다. 그러나 중국에서는 전술한 바와 같이 자사에서 앱을 개발하기 때문에 상당한 비용이 절약된다. 이는 대부분의 중국 앱이 SNS 기능을 탑재할 수 있는 이유 중 하나다.

제6장

자기 계발

새로운 방식으로 역량을 키운다

K

킵(Keep)

기업명	**바이트댄스** (ByteDance)	
누계 사용자 수 **2억 명**	MAU (월간 활성 사용자 수) **2,024만 명**	서비스 개시 연도 **2015년**

[운동 동영상뿐만 아니라 쇼핑, 전문가 조언까지]

킵은 기본적으로 무료로 이용할 수 있는 소셜 피트니스 앱이다. 전문 트레이너가 가르쳐 주는 요가, 근력 운동, 스트레칭 등의 운동 영상을 보면서 집에서 운동할 수 있다.

달리기용 기능도 충실해서 달린 거리, 시간 기록 외에도 직접 달린 코스를 올리거나 다른 사용자가 올린 인기 코스를 달리는 등 앱을 활용해 운동을 즐겁게 지속할 수 있도록 만들어 주는 것이 특징이다.

커뮤니티 기능도 탑재되어 있으며, 각 커뮤니티에서 서로를 격려하거나 경쟁하면서 운동 팁이나 식단 조절 등의 정보를 공유한다. 앱 내의 쇼핑몰에서는 운동용품이나 영양제를 구매할 수 있다. 월간 1,500원가량의 회원비를 내면 전문가가 운동, 식단 계획을 짜 주거나 데이터를 더 상세한 수치로 관리할 수 있게 된다.

한 장으로 보는 비즈니스 모델

❖ **주 수익원**

　　· 서비스 이용료　· 광고료　· 쇼핑몰 수입

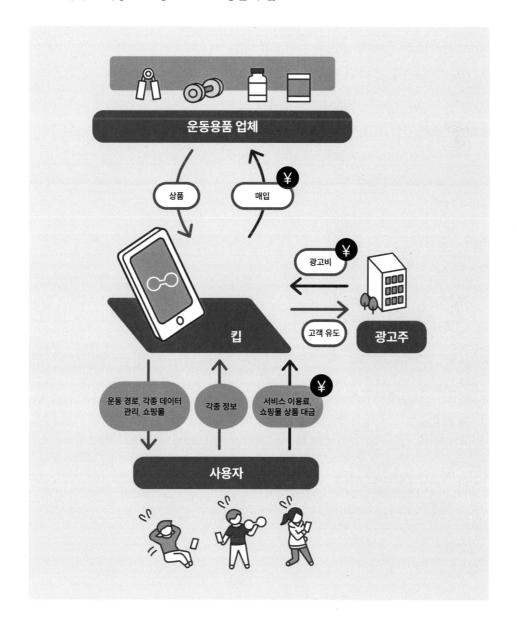

사용자 니즈와 기업의 성장 배경

킵이 인기 있는 가장 큰 이유로 운동을 즐겁게 지속할 수 있는 장치가 많다는 점을 꼽을 수 있다. 사용자의 운동 이력, 운동 기록, 신체 데이터, 흥미에 따라 알고리즘이 최적의 운동 방식을 제안해 주며(유료 회원은 전문가가 제안), 운동 후 결과를 입력하면 성장에 따라 운동 강도와 종류를 조정해 준다.

또한 운동 시간과 소모 칼로리, 커뮤니티 내의 활동 실적에 따라 포인트를 받을 수 있으며, 포인트가 쌓이면 레벨이 올라가는 '킵 그레이드Keep Grade'라는 시스템으로 자신의 성장을 가시화할 수 있다.

달리기 기능은 근처의 인기 코스를 고르거나 자신이 달린 코스를 공유하는 것도 가능하다. 지도에서는 같은 코스를 달린 사람들의 기록이 순위 형식으로 표시된다. 또한 같은 코스에 체크인한 횟수가 가장 많은 사용자에게 '루트 마스터'라는 칭호를 부여해 커뮤니티에서의 주목도가 올라가게끔 하여 의욕을 북돋는 역할도 한다.

세 번의 발전

1	2015년	'사전 작업 계획' 실시	출시 한 달 전부터 큐큐, 위챗, 바이두, 더우반Douban 등의 SNS에 커뮤니티를 만들어 운동 정보를 제공. 많은 사람들이 앱 출시 소식을 접하게 되었고, 당시 하루 평균 4만 다운로드 수를 달성.
2	2018년	'칼로리를 돈으로 바꾸자' 이벤트 실시	킵에서 운동하여 소모한 칼로리만큼 돈을 주는 이벤트를 실시. 1kcal당 0.01위안(약 1.5원)으로 상한 200위안(약 3만 원)으로 설정함.
3	2019년	K-Partner 계획 발표	비츠Beats, 코카콜라, 운동선수, KOL과의 콜라보 상품 출시. 브랜드 파워 향상, 모객에 공헌.

앱의 주요 기능 및 UI 디자인 특징

앱 홈 화면

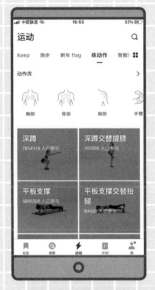

운동 종류는 단련하고자
하는 부위, 난이도에 따라
검색할 수 있다

모든 운동은 동영상
해설이 제공된다

목표를 설정하면 운동
계획을 자동으로 제안해
준다

운동, 다이어트 관련 지식
콘텐츠도 풍부하다

자신의 활동을 게시할 수
있는 SNS 기능

39

100

영어 공부는 이 앱으로 충분!

바이츠잔 (百詞斬, Baicizhan)

기업명 차오유아이 (Chaoyouai)

누계 사용자 수	MAU (월간 활성 사용자 수)	서비스 개시 연도
8천만 명	**1,556만 명**	**2012년**

[영어 단어를 시각적으로 재밌게 외우자]

바이츠잔은 무료로 이용할 수 있는 영어 학습 앱이다. 이미지 기억법으로 영어를 학습하게 되는데, 모든 단어에 사진이나 도표가 함께 붙어 있다. 사용자는 영어 단어의 의미를 시각적으로 이해하면서 외우게 된다는 점이 특징이다.

초등학교 수준에서의 토플TOEFL 관련 단어나 비즈니스 용어와 같이 다양한 난이도의 단어집이 40패턴 이상 준비되어 있으며, 목적에 맞는 단어를 효율적으로 학습할 수 있다. 단어를 외울 때는 스펠링을 입력하는 방식이 아니라, 출제된 단어에 해당되는 일러스트나 사진을 선택하면 된다. 효율적이면서도 간단하게 단어를 외울 수 있는 학습 방식은 사용자를 끌어들이는 주요 요인 중 하나다.

단어집 외에도 학습용 동영상, 걸으면서 학습할 수 있는 단어 라디오, 학습 관리, 복습용 콘텐츠, 각종 문제, 퀴즈, 사용자끼리 대전할 수 있는 게임, 다른 사용자와 팀을 꾸려 다른 팀과 대전하는 서클 기능, 서적 및 문구 등을 구매할 수 있는 쇼핑몰과 같이 즐겁게 학습할 수 있는 다양한 콘텐츠가 마련되어 있다.

한 장으로 보는 비즈니스 모델

❖ **주 수익원**

· 쇼핑몰 수입 · 광고료

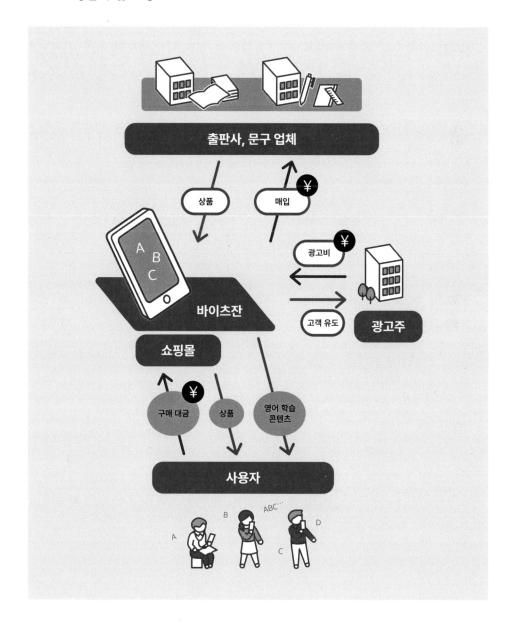

사용자 니즈와 기업의 성장 배경

바이츠잔의 콘텐츠는 통근, 통학 시간이나 휴식 시간 등에 잠깐 짬을 내어 이용할 수 있도록 고안된 앱으로, 시간을 유용하게 쓰고 싶은 비즈니스 퍼슨이나 학생의 니즈에 부합하여 큰 인기를 끌고 있다.

콘텐츠의 독특함 역시 바이츠잔의 강점 중 하나이다. 단어를 이미지로 외우는 콘텐츠 외에도 다른 사용자와 소통하면서 즐길 수 있는 게임과 동영상, 학습 그룹을 만들거나 참여할 수 있는 서클 기능, 음성 콘텐츠 등과 같이 다른 영어 학습 앱에는 볼 수 없는 기능이 많아 '너무 재밌고 중독성 있다'는 평가를 받는다. 덕분에 신규 사용자 확보와 사용자 이탈 방지에도 공헌하고 있다.

또한 앱 출시 직후부터 웨이보에 공식 계정을 개설하여 사용자와 교류하거나, 앱 내 게임 대회 등의 이벤트를 개최하는 등 사용자의 즐거움을 북돋을 수 있는 방식을 꾀하며 자칫 단조로워질 수 있는 마케팅에 재미를 더했다.

세 번의 발전

1	2012년	웨이보 공식 계정으로 프로모션 실시	주로 업데이트 정보, Q&A, 공식 굿즈, 이벤트 선전 등을 푸시 형식으로 발신. 팔로워 수는 390만 명에 달하며 2014년에는 위챗에도 공식 계정을 개설.
2	2013년	개인 기록을 SNS에 공유할 수 있는 기능 추가	학습 성과를 위챗, 웨이보에 올릴 수 있게 되어 사용자의 동기 부여를 자극하고 선전 효과로 사용자 수가 증가.
3	2018년	대규모 이벤트 'PK 제왕 토너먼트' 개최	상대방을 이겨 코인을 모으면 앱 내 쇼핑몰에서 이용할 수 있는 상품권을 받을 수 있는 대전 게임 대회 '단어 PK' 개최. 이 이벤트로 50만 명의 신규 사용자를 확보.

앱의 주요 기능 및 UI 디자인 특징

앱 홈 화면

기본 기능은 예문의
단어에 맞는 일러스트를
고르는 퀴즈 형식

문자, 음성, 동영상 등을
이용해 복습할 수 있다

많은 영문 서적도
제공한다

문법, 품사 등과 관련된
짧은 칼럼으로 이해를
높일 수 있다

다른 사용자와 진척도를
공유하거나 교류할 수
있는 서클 기능

40

오리지널 작품이 충실한 전자 서적 앱

장웨 (掌阅, iReader)

기업명 **장웨**

누계 사용자 수	MAU (월간 활성 사용자 수)	서비스 개시 연도
6억 명	**1.7억 명**	**2011년**

읽어주기 기능과 BGM 등 전자 서적만의 독서 체험이 가능

장웨는 전자 서적 앱이다. 일반적인 전자 서적 앱과 달리 장웨는 대부분 출판사를 거치지 않고 작가 개인이 창작, 장웨가 편집한 오리지널 소설 및 만화를 판매한다. EBK, TXT, UMD, EPUB, CHM, PDF 등의 다양한 확장자에 대응하며 누구나 쉽게 작품을 올릴 수 있다.

그중에서도 읽어주기 기능이 가장 특징적이다. 다양한 목소리 중에서 좋아하는 목소리를 골라 재생할 수 있는 기능이다. 또 상황에 맞는 BGM이 흘러나와 종이책으로는 느낄 수 없는 독서 체험을 제공한다. 컬러 화면에 읽어주기 기능이 탑재된 '아이리더iReader'라는 e북 리더기도 판매하고 있으며, 이러한 장웨만의 독특한 서비스들은 독서에 재미를 더해주는 역할을 한다.

무료로 이용할 수 있지만, 모든 콘텐츠를 읽으려면 한 달에 45,000원가량의 구독 회원이 되어야 한다. 2017년에 상하이, 홍콩증권거래소에 상장하였고 2020년에는 바이두가 자본 참가했다.

한 장으로 보는 비즈니스 모델

❖ **주 수익원**

  · 구독 수입 · 광고료 · 리더기 판매 수입

  · 플랫폼 이용료 등

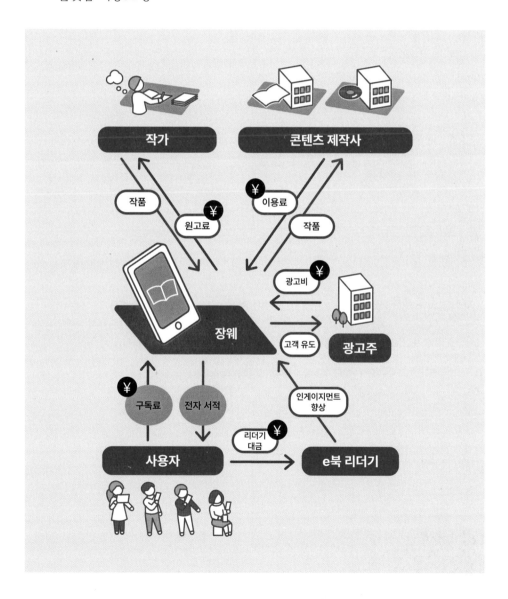

앱의 주요 기능 및 UI 디자인 특징

앱 홈 화면

홈 화면 배치,
표시할 콘텐츠는
취향에 따라
바꿀 수 있다

소설, 만화,
비즈니스 서적
등의 다양한
콘텐츠가 있으며
카테고리에 따라
검색 가능하다

서적 상세
페이지에는 소개
글과 함께 인기
지수, 독자 리뷰
등을 확인할 수
있다

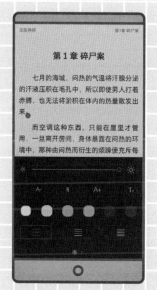

독서 인터페이스는 배경색과 글자 크기를 바꿀 수 있고, 책갈피 기능도 이용 가능

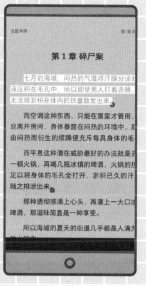

AI가 전자 서적 내용을 음성으로 읽어주는 'AI 독서' 기능. 읽는 속도뿐 아니라 목소리 종류(남성, 여성 등)도 변경 가능하다

다운로드해서 들을 수 있는 오디오북

대부분의 콘텐츠는 챕터별로 나뉘어 있어 읽기가 편리하다

41

中 중국 최대 음성 플랫폼

시마라야 (喜马拉雅, Ximalaya)

기업명 **시마라야**

누계 사용자 수	MAU (월간 활성 사용자 수)	서비스 개시 연도
6억 명	**8,661만 명**	**2013년**

풍부한 콘텐츠를 무기로
전 세계 6억 명의 사용자 확보

시마라야는 팟캐스트, 오디오북, 라디오 등을 들을 수 있는 음성 플랫폼이다. 자기계발, 어학, 소설, 동화, 괴담, 만화 등 다양한 장르의 음성 콘텐츠가 있으며, 압도적인 콘텐츠 양으로 중국 국내 70% 이상의 시장 점유율을 차지하고 있다.

라이브 스트리밍 기능도 있어서 사용자는 콘텐츠 제공자의 라이브 룸에 입장하여 서로 대화하거나 유료 후원을 할 수 있다. 그 외에도 동영상 게시 기능, 게임 등도 탑재되어 있다.

콘텐츠 안에 광고를 넣음으로써 얻는 수익을 제작자, 내레이터와 배분하며 개인도 콘텐츠를 올려 수익을 낼 수 있다. 인기 제작자 중에는 연간 1억 5천만 원 이상의 수익을 올리는 사람도 있다. 월간 25위안(약 4천 원) 상당의 유료 회원이 되면 VIP 콘텐츠를 들을 수 있으며, 음성 재생 중에 광고가 삽입되지 않는다.

한 장으로 보는 비즈니스 모델

❖ **주 수익원**

· 구독 수입 · 서비스 이용료 · 광고료

· 단말기 판매 수입

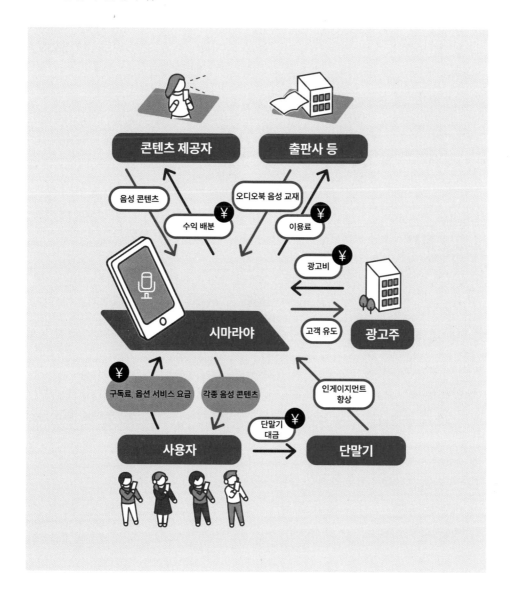

사용자 니즈와 기업의 성장 배경

시마라야는 자기 계발, 비즈니스, 어학 등의 지식 콘텐츠가 가장 큰 비중을 차지한다. 경쟁이 치열한 중국에서는 이러한 지식 콘텐츠의 니즈가 매우 높으며 차 안이나 만원 지하철 안, 운동 중과 같이 책을 읽기 어려운 환경에서도 정보를 접할 수 있는 음성 콘텐츠는 특히 인기가 좋다.

출시 당시에는 유료 회원 확보에 애를 먹었지만, 현재는 '정보에는 마땅히 돈을 지불해야 한다'는 인식이 정착되어 과금 서비스 이용률도 높아지고 있다.

2017년에는 모든 컨텐츠를 들을 수 있는 스마트 스피커 '샤오야 나노'를 중국에서 출시했다. 스피커를 사면 1년 동안 VIP 회원권을 무료로 이용할 수 있으며, 출시 직후 1만 대가 1분 만에 완판되기도 했다.

세 번의 발전

1	2015년	출판사와 전략적 제휴	인기 오디오북 지식 재산권 확보. 가장 잘나가는 오디오북 약 70%의 저작 사용권을 히말라야가 보유하고 있으며 세계적인 SF 베스트셀러 소설 《삼체》도 히말라야가 라디오 드라마로 제작한 바 있음.
2	2016년	'유료 옵션 콘텐츠' 출시	2천 명 이상의 유명인을 기용하여 1만 개 이상의 유료 콘텐츠를 제공. 2017년에는 사용자 한 명당 평균 매출ARPU이 90위안(약 14,000원)을 넘어섰으며, 이 매출은 대형 IT 기업 텐센트 게임 평균 과금액에 필적하는 수치.
3	2016년	'66회원일' 창설	새로 가입하거나 친구를 초대하면 다양한 혜택을 받을 수 있는 이벤트를 실시. 이 기간 중에 342만 명의 유료 회원을 확보하여 6,114만 위안(약 97억 원)의 매출을 달성.

앱의 주요 기능 및 UI 디자인 특징

앱 홈 화면

재생 화면. 여러 가지
기능 버튼이 있어
편리하다

음성뿐 아니라 짧은
동영상도 올리거나
볼 수 있다

라이브 스트리머와
교류할 수 있는 채팅방.
선물도 보낼 수 있다

콘텐츠에 어울리는
성우에게 원스톱으로
의뢰할 수 있는 기능

잡화 등을 구매할 수
있는 쇼핑몰도 갖춰져
있다

42

免费问老师 100

8억 명이 이용하는 학습 지원 앱

쮜예방 (作业帮, Zuoyebang)

기업명 **샤오취안추하이 교육** (Xiaochuanchuhai Education)

누계 사용자 수	MAU (월간 활성 사용자 수)	서비스 개시 연도
8억 명	**1억 명**	**2014년**

[학원 수업과 동일한 서비스를 편리하게 앱에서 이용 가능!]

쮜예방은 일본의 '스터디 서플리'와 흡사한 학습 지원 앱이다. 학생 대상의 동영상 수업을 제공하며, 초등학교 1학년부터 고등학교 3학년까지의 모든 교과목 수업이 준비되어 있다.

동영상 외에도 일대일 혹은 그룹으로 수업을 들을 수 있는 라이브 수업과 실시간으로 답변을 들을 수 있는 질문 기능, 모르는 문제를 사진으로 찍어 보내면 데이터베이스를 조회해 풀이 방법을 보내주는 기능, 문제집, 시험, 학생끼리 소통할 수 있는 SNS 기능, 참고서나 문구류를 구매할 수 있는 쇼핑몰 등 학습과 관련된 모든 서비스가 마련되어 있다.

또한 튜터가 학습 계획을 관리해주는 기능을 통해 사용자들은 실제 학원과 동일한 서비스를 받을 수 있게 되었다. 일명 '스타 강사'들도 존재하는데, 이들의 동영상 강의는 인기가 높다.

한 장으로 보는 비즈니스 모델

❖ 주 수익원

· 구독 수입 · 서비스 이용료 · 쇼핑몰 수입 · 광고료

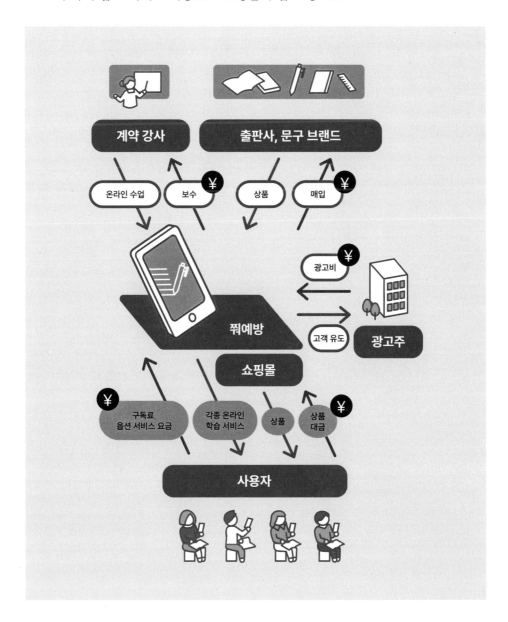

사용자 니즈와 기업의 성장 배경

중국은 자녀 교육에 관심이 높은 나라 중 하나다. 그러나 소득 격차가 극심하기 때문에 가정 형편에 따라 받을 수 있는 교육 또한 차이가 크다. 쮜예방의 서비스는 임대료나 인건비가 들지 않아 저렴한 가격으로 온라인 학습 제공이 가능하기 때문에 비교적 소득이 낮은 가정의 아이들도 균일한 학습 기회를 얻을 수 있다.

또한 중국은 한국보다 학원 수가 적어서 장소와 상관없이 언제 어디서나 수업을 들을 수 있는 부분도 사용자에게 인기를 끄는 요인이다. 강사의 수입은 학생이 수업 동영상을 재생할 때마다 강사에게 돈이 입금되는 방식으로 설계되어 있다.

강의 영상을 시청한 학생이 댓글을 달거나 수업 내용을 평가하는 기능도 있기 때문에 경쟁 원리에 따라 강사들은 좋은 수업을 만들기 위해 고심하며 동영상을 올린다. 따라서 시간이 지날수록 수업의 품질도 향상된다.

세 번의 발전

1	2018년	중국 최초로 청소년 보안 시스템 출시	정부와 연계하여 최첨단 AI를 활용한 유해 정보 선별, 추적, 방어 시스템을 개발. 청소년 인터넷 사용과 관련된 연구 개발로 사용자의 신뢰를 확보. 이미지 향상으로 이어짐.
2	2018년	교육 기회균등 촉진 프로젝트 발표	교육의 기회를 균등하게 만들기 위한 프로젝트를 발표. 구이저우성 옌허현의 지원을 약속 받음. 이 프로젝트로 앱 호감도가 향상됨.
3	2020년	초·중학생에게 무료 온라인 수업 제공	코로나로 휴교 중인 초·중학생에게 온라인 수업 전 과목을 무상 제공. 이에 따라 월간 활성 사용자 수가 1억 명을 넘어서며 사용자 수도 8억 명을 돌파.

앱의 주요 기능 및 UI 디자인 특징

앱 홈 화면

여러 전문 강사가
온라인 수업을
제공한다

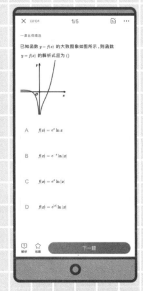

기출 문제, 소논문은
데이터베이스화되어
앱에서 확인 가능하다

모르는 문제를
사진으로 찍어 보내면
해답을 확인할 수 있다

학생들끼리 소통할
수 있는 수험생
전용 SNS.

사용자가 남긴 질문에
다른 사용자가 답하는
Q&A 커뮤니티

43

중국 인터넷 사용자 3명 중 1명이 사용하는 의료 앱

핑안하오이성 (平安好医生, Ping An Good Doctor)

기업명 **핑안하오이성**		
누계 사용자 수	MAU (월간 활성 사용자 수)	서비스 개시 연도
3.5억 명	**6,730만 명**	**2015년**

[병원 예약에서 온라인 진료, 약구매까지 가능한 만능 의료 서비스!]

핑안하오이성은 대형 보험 회사 '핑안보험Ping An Insurance'이 운영하는 의료, 건강 앱이다. 주요 기능으로는 병원 예약과 온라인 진료, 의사와의 채팅 상담이 있다.

3천 개가 넘는 병원, 22개 진료과, 5만 명 이상의 계약 의사를 앱 내에서 고를 수 있으며, 온라인 진료 요금은 평균 50~100위안(약 1만~1만 5,000원)이다. 유명 전문의를 지정해서 온라인 진료를 받거나 상담하는 것도 가능하다.

앱 내에는 의료 관련 쇼핑몰도 있어서 약이나 영양제, 건강식품, 붕대, 파스 등을 구매할 수 있다. 커뮤니티 기능과 라이브 스트리밍 기능도 있어 기업 및 개인이 영양제, 운동과 같은 건강 관련 정보를 제공한다.

마음에 드는 콘텐츠 제공자를 팔로우할 수도 있고, 앱에서 소개된 제품은 화면을 탭하기만 하면 구매할 수 있어 매우 편리하다. 그 외에도, 건강 관련 정보와 뉴스도 열람 가능하다.

한 장으로 보는 비즈니스 모델

❖ 주 수익원

- 서비스 이용료 · 쇼핑몰 수입

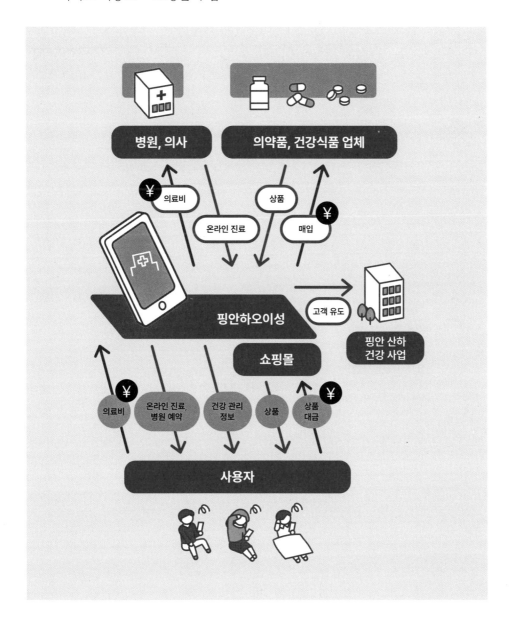

사용자 니즈와 기업의 성장 배경

중국의 병원은 대기 시간이 길어 하루를 꼬박 기다려야 하는 일도 있다. 땅도 넓기 때문에 근처에 병원이 없는 지역에 살거나 유명한 의사에게 진료를 받으려면 회사를 쉬거나 비싼 교통비를 내면서 진료를 받으러 가야 한다.

또 유명 의사의 경우 예약권을 되파는 경우도 있어 필요 이상의 돈을 지출할 때도 있는데, 핑안하오이성은 이와 같은 불편을 해결하여 출시 5년 만에 3억 명이 넘는 사용자를 확보하게 되었다.

온라인 진료를 받거나 병원에 가야 하는지 의사에게 확인하기 위해 사용하는 채팅 상담 서비스는 연중무휴로, 24시간 이용할 수 있다. 또한 중국 전국 10만 개의 약국(중국 국내 약국의 25%)과 제휴를 맺어 처방받은 약을 근처 약국에서 바로 받을 수 있다. 또한 베이징, 광저우, 톈진 등의 8개 도시에서는 약국에 직접 방문하지 않아도 온라인으로 약을 주문하면 2시간 내로 받아볼 수 있다.

진료를 받을 때는 의사가 이전까지 진료한 환자 수와 후기, 고평가 비율, 24시간 이내의 답변율(채팅) 등을 참고하여 자신에게 맞는 의사를 고를 수 있다. 남는 시간에 채팅 상담을 통해 수입을 벌 수 있으므로 의사에게도 좋은 서비스다.

2017년에는 소프트뱅크 비전 펀드로부터 4억 달러(약 4,150억 원)를 조달하여 이듬해에는 홍콩증권거래소에 주식을 상장했다. 인터넷뿐 아니라 실제 병원과 연계한 O2O 비즈니스 모델은 현재 온라인 진료가 아직 익숙하지 않은 한국과 일본에도 참고가 되는 서비스다.

주요 자금 조달

조달 라운드	조달 시점	조달 총액	투자자
IPO	2018년	11억 달러 (약 1조 1,400억 원)	개인 투자자
전략 투자	2017년	4억 달러 (약 4,150억 원)	소프트뱅크
A 라운드	2016년	5억 달러 (약 5,180억 원)	IDG 캐피털 / JIC그룹JIC Group
엔젤 라운드*	2010년	비공개	클리어뷰 파트너스ClearVue Partners

* 구상 단계 혹은 고객이 거의 없는 스타트업에 하는 투자.

세 번의 발전

1	2015년	의약품 판매, 배송 서비스 진출	의약품 쇼핑몰 기능 강화를 위해 여러 의약품 판매 기업과 제휴. 베이징, 항저우, 난징, 선전, 선양, 톈진 등의 8개 도시에 2시간 이내로 약을 보낼 수 있게 됨.
2	2018년	그랩 홀딩스Grab Holdings Inc와 전략적 제휴	동남아시아 최대 차량 공유 서비스 '그랩(싱가포르)'과 공동 출자로 동남아시아에서 온라인 의료, 약 택배 서비스를 제공하는 합병 회사를 설립. 동남아시아 시장으로 진출.
3	2020년	국제 기준을 충족하는 세계 첫 AI 화상 진단 시스템 개발	6억 7,000만 명 분량의 방대한 데이터로 딥 러닝을 진행하여 3천 종류의 질환 정보를 관리하는 AI 진단 시스템을 개발. 세계가정의학회WONCA로부터 최고 수준의 인증 취득.

앱의 주요 기능 및 UI 디자인 특징

앱 홈 화면

진료과마다 여러
의사가 등록되어
있어서 원하는
의사에게 진료를
의뢰할 수 있다

의사 상세
페이지에는 후기
등의 평가가
표시되어 있어서
안심하고 이용
가능하다

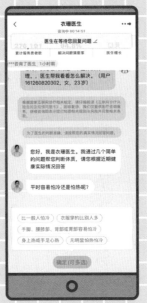

간단한 상담을
하거나 약
처방을 위해
채팅으로 대화할
수 있다

처방약은 근처
약국에서 바로
수취 가능

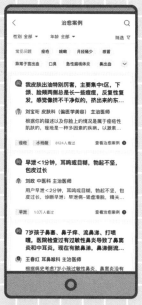

데이터베이스
기반으로 자신과
비슷한 증상을
찾아 필요한
약을 구매할
수도 있다

건강, 질병
예방, 다이어트
등의 다양한
커뮤니티가
있으며 많은
사용자들이
참여하고 있다

건강과 관련된
상품들이 잘
갖춰진 쇼핑몰
기능

44

샤오반룽 (小伴龍, XiaoBanLong)

기업명 **유반** (Youban)

누계 사용자 수	MAU (월간 활성 사용자 수)	서비스 개시 연도
1억 명	**992만 명**	**2012년**

[오리지널 콘텐츠를 활용한 비즈니스 모델에도 주목]

샤오반룽은 유아 교육용 앱이다. 교육 게임과 음악, 애니메이션 게임, 과목별 학습(수학, 영어, 한자 등), 올바른 생활 습관과 도덕성을 기르기 위한 콘텐츠, 동요나 리듬 게임과 같은 음악 콘텐츠, 다양한 직업 체험이 가능한 게임 등의 다양한 학습 콘텐츠를 제공한다.

샤오반룽은 모든 콘텐츠를 자체 제작한다. 가장 특징적인 부분은 오리지널 캐릭터가 등장하는 이야기 형식의 게임이다. 이야기 도중에 나오는 문제를 풀면서 게임을 진행하는 방식이다. 그 외에도 '키자니아' 가상 버전과 같은 직업 체험 게임도 제공하면서 다른 교육 앱 콘텐츠와 차별점을 두고 있다.

오리지널 캐릭터는 굿즈, 애니메이션으로도 만들어진다. 오리지널 캐릭터가 맘에 들어 앱에 가입하는 사용자도 적지 않다. 무료 콘텐츠 외에도 유료로 이용 가능한 콘텐츠도 있으며, 콘텐츠마다 과금하거나 연간 98위안(약 1만 5,000원)의 구독 회원이 될 수도 있다.

한 장으로 보는 비즈니스 모델

❖ **주 수익원**

   · 구독 수입 · 서비스 이용료 · 광고료

   · 굿즈 판매 수입 등

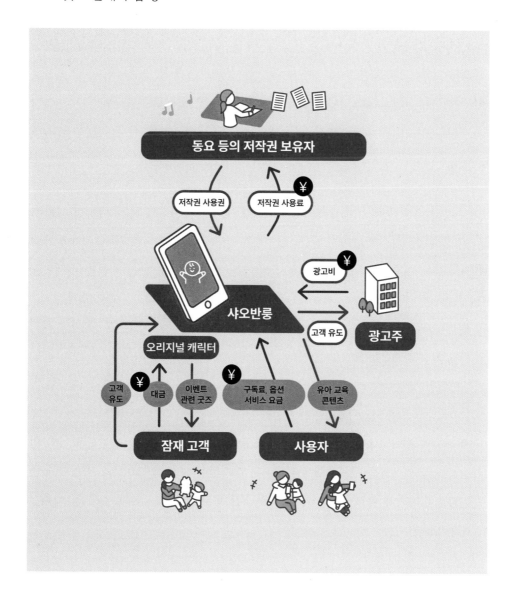

사용자 니즈와 기업의 성장 배경

중국에서는 오랫동안 이어져 온 '한 자녀 정책'에서 '두 자녀 정책'으로 산아 제한을 완화했기 때문에 교육 분야에 큰 성장이 있을 것으로 예상한다.

또한 샤오반룽의 사용자는 학원 등의 교육 시설이 많은 도심이 아닌, 지방 거주자가 대다수를 차지한다. 인구가 많은 지방 도시를 겨냥한 점이 샤오반룽을 크게 성장시켰다고 할 수 있다.

다른 유아 교육 앱은 디즈니와 같은 기존 콘텐츠를 활용한 동영상과 게임 등을 제공하는 편이지만 사오반룽의 콘텐츠는 캐릭터를 포함하여 모두 자체 제작하고 있다. 캐릭터를 활용한 굿즈, 이벤트, TV 애니메이션 등을 통해 잠재 고객을 앱으로 유도한다.

세 번의 발전

1	2014년	유료 회원 기능 출시	앱 출시 당시에는 적자였지만, 유료 회원 기능을 추가하면서 2016년 10월, 처음으로 흑자로 전환. 이후에도 흑자가 계속되며 교육 앱 수익화 성공 사례로 꼽히고 있음.
2	2016년	어린이 무대극 개최	오리지널 캐릭터가 등장하는 무대극 공연 진행. 이후에도 굿즈 제작, 애니메이션화 등을 통해 캐릭터의 인지도를 올려 앱으로 유도하기 위한 여러 마케팅을 진행하고 있음.
3	2016년	유료 콘텐츠 모네타이즈 monetize(현금화) 실시	콘텐츠별로 과금이 필요한 스토리 게임 출시. 유료 회원 서비스 외에도 수익을 올릴 수 있게 됨. 출시 약 4개월 만에 사용자가 160만 명에 달함.

앱의 주요 기능 및 UI 디자인 특징

앱 홈 화면

읽기, 쓰기, 산수, 영어,
생활 습관 등을 배울 수
있는 콘텐츠

모험 형식의 게임으로
도덕성과 논리적
사고를 기를 수 있다

다양한 직업 체험이
가능한 미니 게임

콘텐츠별 월정액
요금 및 유료 서비스
패키지도 판매된다

자녀의 앱 이용 시간을
설정할 수도 있다

45

중국의 최대 뷰티 앱

메이투씨우씨우(美图秀秀, Meitu)

기업명 메이투

누계 사용자 수	MAU (월간 활성 사용자 수)	서비스 개시 연도
8억 명	**3억 명**	**2011년**

[SNS 붐에 편승하여 급성장한 사진 보정 앱]

메이투씨우씨우는 한국과 일본을 포함한 26개국에서 서비스를 제공하고 있으며, 전 세계 8억 명 이상의 사용자를 확보하고 있는 인기 뷰티앱이다. 중국에서는 남성이든 여성이든 같이 사진을 찍은 후에 이 앱으로 보정하지 않으면 실례라고 말할 정도로 젊은 층에게 필수적인 앱으로 자리 잡고 있다.

일반적인 뷰티 앱에 있는 눈을 크게 키우고 피부를 밝게 만들고, 얼굴을 작게 만드는 등의 기본적인 기능은 물론, 눈썹 두께나 눈 뜬 정도, 눈 사이 간격, 바라보는 방향, 입꼬리 등 부위별로 다양한 보정을 할 수 있다. 심지어 몸매 보정까지 섬세하게 가능하다.

필터나 배경 화면(일부 유료)도 다양해서 인물만 잘라내 배경을 바꾸거나 사진에 직접 글을 쓸 수도 있다. 증명사진, 졸업 사진 등의 격식 있는 사진도 제작 가능하다. SNS 기능도 있어서 보정을 마친 사진을 앱에서 간편히 올릴 수 있다.

한 장으로 보는 비즈니스 모델

❖ 주 수익원

　　· 서비스 이용료 · 광고료 · 이미지 처리 기술 제공료 등

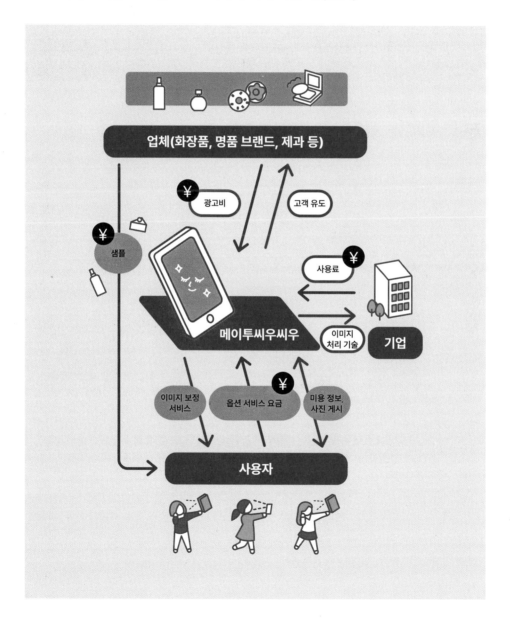

사용자 니즈와 기업의 성장 배경

메이투씨우씨우의 강점은 스마트폰 버전 포토샵Photoshop이라고 불릴 정도의 높은 수준의 보정 기능에 있다. 사진 자동 조정에 더해 수동으로 미세한 조정도 가능하다. 또한 광고 사업에도 힘을 쏟고 있으며, 기업용 메뉴도 다수 존재한다.

예를들어 화면 상단의 '샘플' 탭에는 기업 광고가 정리되어 있고, 사용자는 광고 영상을 보고 샘플을 받을 수 있다. 화장품 회사 광고 사진과 동일한 메이크업을 재현해 주는 필터 등도 있어 가상으로 새로운 화장품을 써볼 수도 있다.

화장품 회사뿐 아니라 의류, 음료, 제과 등 젊은 여성을 타깃으로 한 상품 광고도 많이 올라온다. 현재는 동종 업계 타사에 이미지 처리 기술을 제공하는 B2B 사업도 진행하며 사업 다각화를 꾀하고 있다.

세 번의 발전

1	2012년	얼굴 사진 특화 뷰티 기능 추가	피부 미백, 눈 크기 확대, 잡티 제거, 얼굴 축소 등의 뷰티 기능 추가. 이 기능으로 인기를 끌며 다른 뷰티 앱의 기준이 됨. 2013년 이후 MAU가 10배에 가까운 속도로 성장.
2	2017년	해외 버전 출시	사진 보정 앱 '뷰티플러스BeautyPlus', 뷰티 카메라 '뷰티캠 BeautyCam'을 해외에서 출시. 2018년에는 26개국에 서비스 제공. 해외 사용자 수가 백만 명을 넘어섬.
3	2018년	SNS 기능 추가. 소셜 플랫폼으로 진화	SNS 기능 출시. 출시 후 3개월 만에 SNS에 게시된 사진, 동영상 콘텐츠 열람 수가 약 80억 회에 달함.

앱의 주요 기능 및 UI 디자인 특징

앱 홈 화면

얼굴, 신체 부위를
간단히 수정할 수 있다

크기 변경, 잘라내기
등의 다양한 편집이
가능

SNS 기능은 젊은 층의
정보 교류의 장

브이로그Vlog 영상을
공유할 수 있는
커뮤니티 기능

광고 영상 등을
시청하면 샘플 등을
받을 수 있다

46

驾校
一点通
科目一

틈새시장을 개척한 운전면허 취득 지원 앱

쟈샤오이뎬퉁(驾校一点通, Jiaxiaoyidiantong)

기업명 롄샤오 (Lianqiao)

누계 사용자 수	MAU (월간 활성 사용자 수)	서비스 개시 연도
비공개	**1,592만 명**	**2005년**

[학원 선택부터 학습, 차량 구매까지의
자동차 라이프를 모두 지원]

쟈샤오이뎬퉁은 58퉁청(68쪽 참조) 산하의 운전면허 취득 지원 앱이다. 학원 검색 및 예약, 문제집, 모의시험, SNS, 차량 구매 등과 같이 면허 취득과 관련된 모든 서비스를 이용할 수 있다.

잘 갖춰진 검색 기능이 특징으로, 게재된 강사 실적과 기술, 실제로 교육을 받은 학생들의 후기 등을 보고 마음에 드는 강사를 골라 해당 강사가 소속된 학원에 등록하거나 프리랜서 강사를 검색해 연락할 수도 있다. SNS 기능도 있어서 면허를 따기 위해 준비 중인 사람들끼리 질문하거나 정보를 공유하면서 교류할 수 있다.

45위안(약 7천 원)의 월 회비를 내면 예상 문제나 강사의 조언을 얻을 수 있다. 138위안(약 2만 원)의 VIP 코스를 이용하면 스마트폰으로 이용할 수 있는 운전 시뮬레이터도 사용 가능하다. 신차, 중고차 구매 지원 서비스도 있어 브랜드, 차종으로 검색하면 제휴된 자동차 판매점 및 개인에게 차를 구입할 수도 있다.

한 장으로 보는 비즈니스 모델

❖ **주 수익원**

　・서비스 이용료　・광고료　・수익 분배 등

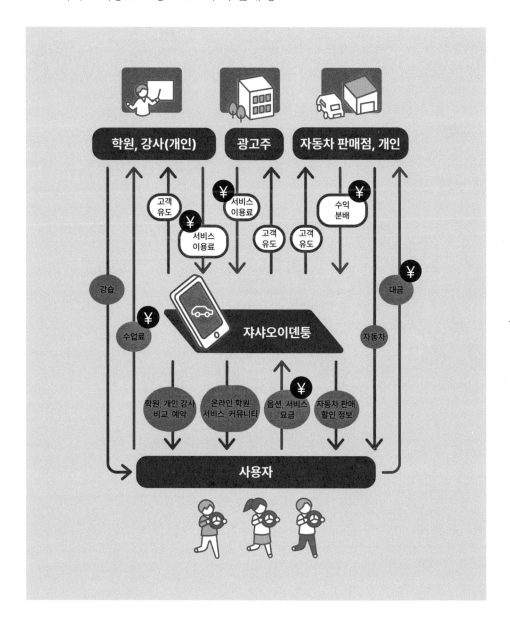

사용자 니즈와 기업의 성장 배경

서비스 초기 쟈샤오이뎬퉁은 단순히 학원을 소개하는 웹사이트였지만, 시험공부를 할 수 있는 기능을 추가한 앱을 출시하며 사용자가 극적으로 증가했다. 중국의 운전 학원, 운전면허 취득 관련 비즈니스는 이미 레드오션 상태였지만 여기에 '온라인 학습'이라는 부가 가치를 추가하면서 성장한 것이다.

2015년에는 안내 광고 서비스 기업 58퉁청에 인수되면서 자동차 판매 등의 신사업도 시작했다. 또한 앱 기능을 확충하면서 시장 점유율을 50% 가까이 차지했다.

세 번의 발전

1	2011년	모의시험, 문제집을 앱에서 첫 공개	학원 알선뿐 아니라 앱에서 문제를 풀거나 모의시험을 칠 수 있게 되어 이후 성장의 발판이 됨.
2	2015년	58퉁청이 인수	58퉁청에 인수되면서 당사 산하의 중고차 판매 사업과 제휴하여 기술, 운영 면에서 지원을 받음. 인수 후 2년 만에 DAU가 291만 명에 달하며 중국 국내 점유율 42.6% 달성.
3	2020년	코로나 기간 중, 사용자 원격 학습 무료 지원	외출 자제 기간 동안 무료 라이브 강좌를 제공. 500만 명 이상의 사용자가 참가하였으며, 재생 횟수는 1억 회를 넘김. 모객에 어려움을 겪고 있는 학원들에게 모집 광고 50% 행사를 실시해 업계 내 영향력이 높아짐.

앱의 주요 기능 및 UI 디자인 특징

앱 홈 화면

후기, 가격을 참고해
마음에 드는 학원,
강사를 찾을 수 있다

면허 취득을 돕기
위한 학습 콘텐츠가
풍부하게 갖춰져 있다

라이브 수업, 동영상을
통해 이해하기 어려운
부분을 학습할 수 있다

자동차 관련한 정보
교류가 가능한
SNS 기능

차종별 기본 정보,
판매 정보 제공. 구입도
가능하다

중국 진출 성공의 열쇠, KOL 마케팅이란?

전술했듯이 'KOL'은 Key Opinion Leader의 약자로, 중국 시장의 인플루언서를 지칭하는 말이다. 인터넷이 보급되기 전인 90년대부터 연예인, 유명인 등 TV에서 활약하는 사람을 뜻하는 말로 사용되었다. 이후 SNS의 발전에 따라 많은 팔로워를 보유한 사람을 KOL이라 부르기 시작했으며, 많은 기업이 이들을 기용한 마케팅 전략을 내세우고 있다. 대부분의 앱에 SNS 기능이 탑재되어 있으며, 인터넷상에도 수많은 커뮤니티가 존재하는 중국에서는 다양한 분야의 KOL이 있다.

웨이보나 빌리빌리BiliBili에서 활약 중인 PAPI는 3,100만 명가량의 팔로워를 보유하고 있으며, 회당 광고료 최고 금액은 2,200만 위안(약 40억 원)에 달한다. 중국의 전통적 시골 생활을 보여주며 인기를 끈 '리자치'는 웨이보 팔로워 수 2천만 명, 틱톡 팔로워 수 3천만 명 이상을 보유하고 있다. 그녀가 운영하는 공식 쇼핑몰(전통 식품 등 판매)은 오픈 당일 2천만 위안(약 32억 원)의 매출을 올렸다. 화장품 라이브 판매로 인기인 '리즈치'는 2019년 광군제(11월 11일)에 타오바오 라이브로 3억 위안(약 480억 원)의 매출을 달성한 바 있다.

그러나 KOL 마케팅으로 성공하기는 생각보다 쉽지 않다. 인기가 높은 KOL에게 의뢰하려면 엄청난 비용이 들고, 트랜잭션transaction(금융 거래) 과다 발생이나 열람 수 조작 등의 문제도 있다. 또 KOL 마케팅 효과는 일시적이라 장기적 광고 효과를 기대하기 어렵다는 문제도 있다.

중국에서 KOL 마케팅을 진행할 때는 상품과의 연관성, 이들이 가진 영향력을 고려하면서도 KOL 개인에게 의지하지 않고 품질, 서비스 등의 본질을 향상하는 것이 중요하다.

제7장

금융

스마트하게 자산을 관리한다

47

중국 최대 증권 매매, 투자 정보 발신 플랫폼

통화순(同花顺, Royal flush)

기업명 **통화순**

누계 사용자 수	MAU (월간 활성 사용자 수)	서비스 개시 연도
4.9억 명	**3,257만 명**	**2009년**

[자산 운용. 관리뿐 아니라 매매 연습까지]

통화순은 주식, 투자 신탁 등을 매매할 수 있는 투자·자산 운용 앱이다. 자산 운용·관리뿐 아니라 실제 투자와 동일한 화면에서 매매 연습을 할 수 있는 서비스도 마련되어 있으며, 투자 관련 뉴스도 읽을 수 있어 투자에 대한 공부도 가능하다. 또 각 주식의 상승 및 하락 예상 비율을 그래프로 확인할 수 있으며, 향후 전망에 대해 토론도 할 수 있다.

기본적인 기능은 무료로 이용 가능하지만, 자사 개발 알고리즘을 활용한 종목 선택 기능과 AI 분석으로 최저치를 예상해 알려주는 알람 기능, 유력 투자자 정보를 얻을 수 있는 유료 옵션 서비스도 있다. 이용료는 연간 3천 원부터 2년에 350만 원까지 다양하게 설정되어 있다. 가격에 따라 얻을 수 있는 정보 품질에 차이가 난다.

통화순은 2009년부터 AI 개발을 시작했으며 2천 명 이상의 연구원을 확보하고 있다. 2019년에는 당사 개발 AI로 투자를 진행하는 사모펀드를 설립했다.

한 장으로 보는 비즈니스 모델

❖ **주 수익원**

· 금융 상품 판매 · 서비스 이용료 · 광고료 · 수익 분배

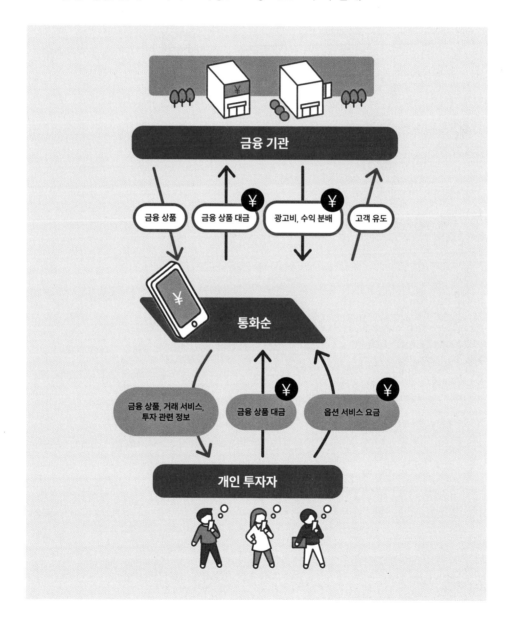

앱의 주요 기능 및 UI 디자인 특징

앱 홈 화면

종목을
인기순으로
표시할 수 있다.
글로벌, 나라별
필터도 있다

증권 번호,
종목명은
음성으로도
검색할 수 있다

주식, 경제 관련
뉴스 등 다양한
정보를 열람할
수 있다

왼쪽 위의 재생
버튼을 누르면
기사를 음성으로
읽어주는
플레이어 기능이
실행된다

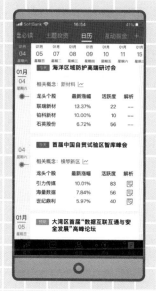

향후 2주간
주식에 영향을
줄 수 있는
이벤트가
표시되어 있는
달력 기능

실제 거래
화면과 동일한
인터페이스로
모의 거래
연습을
할 수 있다

검색어를
입력하면
정보를 바로
보내주는
AI 비서 기능

48

금융과 건강을 함께 관리할 수 있는 독특한 앱

핑안진관자 (平安金管家, Ping An Golden Butler)

기업명 **핑안보험** (Ping An Insurance Company of China)

누계 사용자 수	MAU (월간 활성 사용자 수)	서비스 개시 연도
2.3억 명	**3,300만 명**	**2014년**

[핑안그룹의 모든 서비스를 원스톱으로 이용]

핑안진관자는 중국의 대형 금융·보험사인 핑안그룹이 출시한 금융, 건강 관리 앱이다. 보험 가입, 투자 신탁 구입, 각종 대출, 신용 카드 발행 등 당사의 다양한 금융 서비스를 원스톱으로 이용할 수 있다.

특징적인 부분은 건강 관련 기능이다. 걸음 수와 심박 수를 측정하는 기능과 온라인상에서 의사에게 무료로 상담받을 수 있는 서비스, 건강 검진 예약 및 결제 서비스 등이 있다.

당사 보험에 가입 후 정해진 운동 목표(걸음 수 등)를 1주일간 달성하면 스타벅스 등의 대형 체인점 쿠폰을 받거나, 2년간 지속적으로 달성하면 보험 보장액을 최대 10%까지 상향해 주는 혜택을 받을 수 있다.

의사 무료 상담 서비스는 당사가 운영하는 앱 핑안하오이성(204쪽 참조)의 시스템을 이용하여 소아과, 내과, 치과, 피부과 등의 16개 진료과 전문의에게 채팅으로 상담이 가능하다. 그 외에도 생활용품 등을 구매할 수 있는 쇼핑몰 기능, SNS 기능 등이 있어 일상의 편리함을 더하였다.

한 장으로 보는 비즈니스 모델

❖ **주 수익원**

  · 보험료 · 금융 상품 수수료 · 수익 배분 등

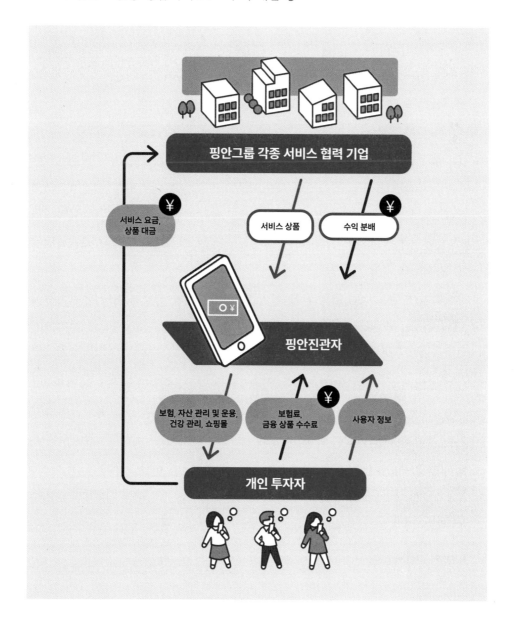

사용자 니즈와 기업의 성장 배경

핑안그룹은 중국 보험 업계 상위 3위권에 들어가는 대기업이다. 서비스를 이용하는 기존 고객이 많고, 사회적 신용도 또한 높기에 2억 3천만 명이 넘는 사용자를 확보할 수 있었다. 또한 최근 중국 도심부를 중심으로 헬스클럽에 다니거나 요가, 사이클링 등의 운동을 즐기는 사람이 늘면서 사람들의 건강 의식이 높아진 점도 사용자 증가의 이유 중 하나다.

핑안진관자는 핑안그룹의 6대 사업인 각종 보험(핑안화재보험), 의료 건강 사업(핑안하오이성), 대출(핑안금융), 자산 운용(핑안증권, 펀드), 은행 대출 및 신용 카드(핑안은행), 쇼핑몰 사업 등의 모든 서비스를 이용할 수 있다. 의료, 자산 관리, 의식주(쇼핑몰)라는 생활에서 빼놓을 수 없는 요소를 모두 제공하면서 사용자의 일상에 스며드는 기업 생태계가 앱 성공의 가장 큰 요인이라고 볼 수 있다. 핑안그룹의 근간 서비스를 모두 이용할 수 있는 앱의 성장은 수익 향상으로 직결된다. 앱 편리성을 개선하고 더 많은 사람이 이용하게 되면 신규 고객도 확보할 수 있게 된다.

현재 일본과 한국에는 핑안진관자와 같이 다양한 서비스를 한 번에 넣은 금융 앱은 존재하지 않는다. 법률, 절차와 같은 제도상의 차이는 있겠지만 대형 보험사나 금융 기관 같은 경우 앱 개발을 통해 이용이 편리한 서비스를 제공하여 경쟁사와의 차별화를 꾀하면 더욱 성장할 수 있을 것이다.

주요 자금 조달

조달 라운드	조달 시점	조달 총액	투자자
-	2016년	비공개	국태군안증권Guotai Junan Securities / 초상사구China Merchants Shekou Industrial Zone Holdings / 중국원양운수집단China Ocean Shipping Group Company
-	2010년	비공개	턴계벤처스Tengye Ventures

세 번의 발전

1	2017년	대규모 마라톤 대회 스폰서가 되어 참가자에게 보험 서비스 제공	약 15,000명이 참가하는 '하이커우 마라톤 대회' 스폰서가 되어 대회 참가자에게 당사 보험 서비스를 제공. 동시에 앱을 이용한 온라인 마라톤 대회를 개최, 66만 명이 참가하며 화제가 됨. 이 프로모션을 계기로 앱 사용자 수 1억 명 이상을 확보하게 됨.
2	2017년	5종의 금융 서비스를 앱에서 제공	니즈가 높은 금융 서비스, 출산 보험, 생명 보험, 투자, 신용 카드 발행, 개인연금을 앱에서 제공. 금융 업계 최초로 상기 서비스를 한 앱에 넣었고, 이후 사용자 수 1억 5천만 명을 돌파.
3	2019년	'핑안 920금융 생활 소비제' 개최	이벤트 기간 중 AI가 견적을 내주고, 비용 대비 효과가 큰 보험 상품, 금융 상품, 의료 서비스 수백 종류를 동시에 출시. 원스톱으로 계약할 수 있는 편리성 덕분에 이벤트 참가자 4,700만 명과 누적 거래액 2조 위안을(약 325조 원) 달성.

앱의 주요 기능 및 UI 디자인 특징

앱 홈 화면

앱에서 핑안그룹이 제공하는 다양한 서비스에 가입할 수 있다. 궁금한 점은 채팅으로 질문할 수 있다

금융 상품, 차량 유지 비용, 생활비 등을 한 번에 관리할 수 있다

보험 상품에 대한 질문, 생활 상담, 각종 절차 등을 지원해 주는 로봇 비서 기능

보험 가입자는
운동하면서
목표를 달성하면
보상 금액을
최대 10%까지
상향할 수
있으며, 대형
체인점 쿠폰도
받을 수 있다

근육 운동, 요가,
스트레칭 등의
운동 영상과
건강 진단
서비스 등도
마련되어 있다

다른 사용자와
교류할 수 있는
서클 기능. 금융,
자동차, 육아,
보험, 반려동물,
메이크업의
6가지
카테고리가
있으며 각각의
카테고리마다
여러 서클이
존재한다

영어, 수학,
국어,
프로그래밍
강좌나 AI 가정
교사 서비스도
제공한다

49

0 服务费

난치병 환자를 돕는 크라우드 펀딩 서비스

수이디처우 (水滴筹, Shuidichou)

기업명 **쭝칭샹첸** (zongqingxiangqian)		
누계 사용자 수 **2.1억 명**	MAU (월간 활성 사용자 수) **비공개**	서비스 개시 연도 **2016년**

[2억 명 이상이 기부한 거대 모금 플랫폼]

수이디처우는 중국의 대표적인 인터넷 보험사인 수이디가 출시한 모금 앱이다. 소득이 적은 난치병 환자나 그 가족들이 치료비를 모으기 위한 목적으로, 지금까지 총 2억 명 이상이 기부에 참여했다. 백만 명 이상의 환자가 330억 위안(약 5조 2,800억 원) 이상의 의료비 지원을 받았다.

수수료를 징수하는 기존 모금 사이트의 방식과 달리 수이디처우는 수수료를 전혀 떼지 않는다. 그 대신 앱 사용자를 당사 산하 P2P 보험 '수이디후주Shuidihuzhu' 및 의료 보험 '수이디보험'으로 유도하여 그룹 전체의 모네타이즈를 꾀하는 전략을 가진다.

위챗페이나 알리페이를 이용해 앱에서 바로 기부가 가능하기 때문에 은행 계좌 이체 등의 불필요한 절차가 필요 없어 매우 편리하다. 또 익명으로 기부하거나 기부 내용을 SNS에 올릴 수 있는 기능도 있다.

한 장으로 보는 비즈니스 모델

❖ 주 수익원

· 그룹 보험사의 수익 배분 (앱 자체는 비영리)

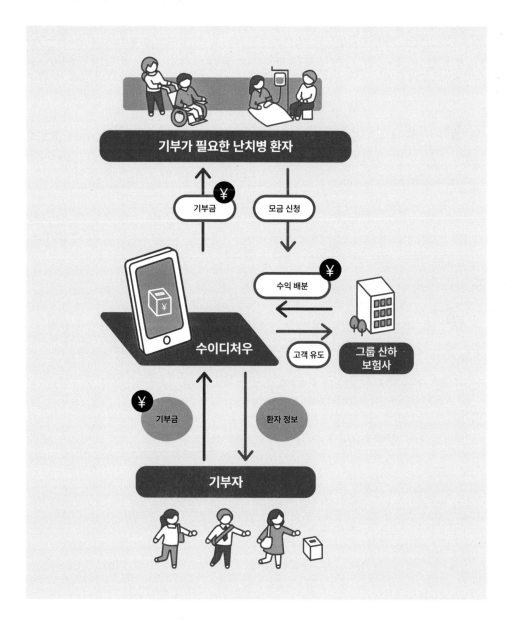

앱의 주요 기능 및 UI 디자인 특징

앱 홈 화면

모금 상세
페이지에는
목표 금액과
현재 달성액,
기부자 수 등이
표시된다

모금에 대한
상세 설명과
진단서도 올라와
있기 때문에
믿고 기부할 수
있다

의료, 모금 관련
뉴스와 정보를
읽을 수 있다

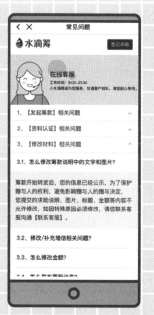

궁금한 점은
상담사에게
전화나 채팅으로
상담할 수 있다

모금을 신청하는
사람은 신청,
심사, 모집,
기부금 인출
등의 각 과정에
관한 내용을
전문 상담사에게
물어볼 수 있다

환자가 QR
코드를 발행하면
가족, 친구 등이
대신 신청하거나
기부금을 인출할
수 있다

기부자는 자신의
개인 정보를
입력하면 모금을
신청한 환자에
대한 모든
정보를 열람할
수 있다

50

세무서에 가지 않아도 납세 절차를 밟을 수 있다

개인소득세 (个人所得税, Personal income tax)

기업명 **국가세무총국** (State Administration of Taxation)

누계 사용자 수	MAU (월간 활성 사용자 수)	서비스 개시 연도
비공개	**1,185만 명**	**2018년**

개인의 세무 정보를
하나의 앱에 집약하다

개인소득세는 세금 납부 및 확정 신고가 가능한 국영 앱이다. 주민 등록 번호와 전화 번호, 은행 계좌를 연결해 두면 세무서에 갈 필요 없이 온라인으로 납세 절차를 밟거나 납세 증명서를 발급받을 수 있는 것이다.

또한 주택, 부양가족, 교육 현황 등의 정보를 입력하면 다양한 공제를 받을 수도 있다. 세금 관련한 모든 정보가 한 앱에 모여 있고 그때그때 납세 현황을 확인할 수 있어 무척 편리하다.

개인소득세 앱 서비스는 납세 절차를 간소화할 뿐만 아니라 세무서 직원의 업무 부담 경감에도 큰 역할을 한다. 행정 디지털화 및 관청의 업무 방식 개혁 등에 참고하기에 좋을 것이다.

한 장으로 보는 비즈니스 모델

❖ **주 수익원**

- 비영리

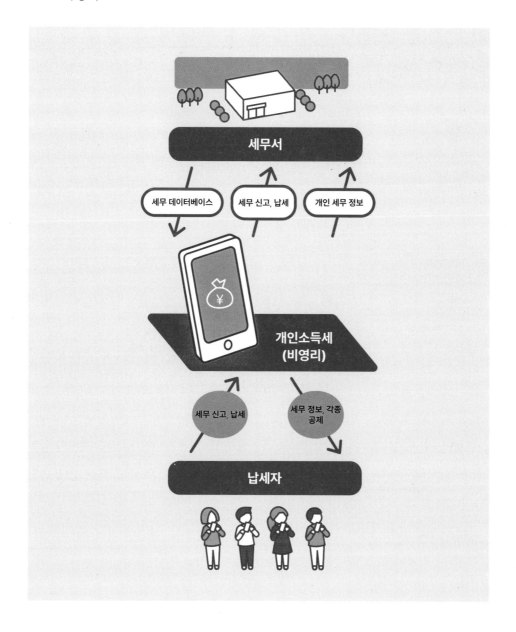

앱의 주요 기능 및 UI 디자인 특징

앱 홈 화면

주민 등록 정보를 입력한 후 얼굴 인식을 하면 세무서에 가지 않고도 앱에서 등록이 가능

필요한 정보를 입력하기만 하면 온라인으로 납세, 환급 신고를 할 수 있다

교육비, 의료비, 주택 담보 대출, 월세, 간호 비용 등에 대한 공제 신청도 가능하다

지금까지의 납세액, 연봉 등의 정보는 앱에 기록되어 언제든지 확인할 수 있다

세무 서류(세금 청구서)의 QR 코드를 읽어 들이면 서류의 진위 여부를 판단할 수 있다

세무 관련 정보, 정책 내용, 자주 하는 질문 등을 검색, 확인할 수 있다

마이페이지 에서는 개인 정보와 과거 근무 정보, 은행 계좌 정보, 가족 사항 등을 열람, 수정할 수 있다

¥

51

다기능이 최대 장점인 만능 가계부 앱

쑤이서우지 (随手记, Suishouji)

기업명 **쑤이서우**

누계 사용자 수	MAU (월간 활성 사용자 수)	서비스 개시 연도
2.2억	**436만 명**	**2011년**

[자산 관리뿐 아니라 운용 공부도 가능]

쑤이서우지는 은행 계좌와 위챗페이, 알리페이와 같은 캐시리스 서비스와 연동하여 영수증 정보를 입력할 필요 없이 수입, 지출을 등록할 수 있는 가계부 앱이다. 기본 UI 외에도 더 상세하게 기록할 수 있도록 항목 수를 늘린 UI와 귀찮은 것을 싫어하는 사람들을 위한 간단 UI, 자동차나 데이트 비용 등의 특정 지출만을 추려내서 관리할 수 있는 UI 등 자신에게 편한 UI 타입을 고를 수 있는 점이 특징이다.

배우자나 비즈니스 파트너를 초대하여 공동으로 자산을 관리할 수 있으며, 가게를 운영하는 소규모 법인을 위한 기능도 존재한다. 편의점, 청과점, 음식점과 같은 업종 중 선택해서 사용하면 된다.

자산 운용과 관련된 온라인 세미나도 개최하고 있어 수강료를 내면 앱에서 수업을 들을 수 있다. 사용자 수는 2억 2천만 명에 달한다. 2017년에는 미국 대형 투자사인 KKR로부터 2천억 원을 조달하여 사업을 확장했다.

한 장으로 보는 비즈니스 모델

❖ **주 수익원**

- 구독 수입 ·세미나 수강료 ·금융 상품 수수료
- 광고료 등

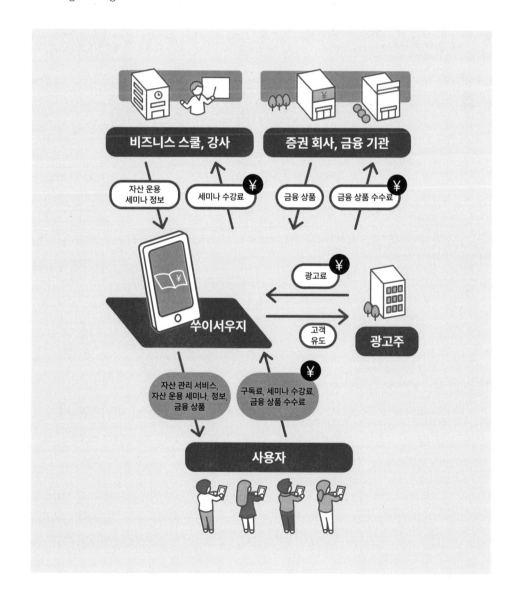

앱의 주요 기능 및 UI 디자인 특징

앱 홈 화면

가정환경과
직업, 라이프
스타일 등에
맞는 다양한
가계부를
조합해서 이용할
수 있다

기본 관리 화면.
깔끔하고 보기
쉽게 되어있다

수입, 지출
상세 내역을
확인할 수 있다.
원그래프와
막대그래프로
표시할 수 있다

식비, 교통비, 교제비 등의 예산을 각각 설정할 수 있으며 예산 초과 시에는 경고가 표시되어 과도한 지출을 막는다

전문 강사의 자산 운용 강좌, 가계 관리 강좌를 수강할 수 있다

자산 관리, 투자와 관련된 토론, 정보 공유가 가능한 커뮤니티 기능

매일 정해진 숙제를 완료하면 받을 수 있는 '양털'은 현금으로 바꿀 수 있다

| **중국의 IT 서비스를 바꿔 놓은 '즈마신용'이란?**

즈마신용은 알리바바 산하 기업이 개발한 개인 신용 평가 시스템이다. 예금액, 보유 주식 등의 자산, 구매 이력, 대출 상환, 공공요금 납부 현황, 취미, SNS 인맥, 범죄 이력과 같은 다양한 개인 정보를 종합하여 개인의 신용도를 수치화하는 구조다.

전술한 바와 같이 즈마신용은 공유 서비스나 임대 주택의 보증금을 면제하는 데 이용되며 금융 기관의 여신, 결혼 정보 회사 등에서도 다양한 방법으로 활용하고 있다. 즈마신용의 최대 성과는 중국 사회에 '신용=돈'이라는 개념을 널리 퍼뜨린 점이라고 할 수 있다.

다만, 즈마신용이 완벽하다고 할 수는 없다. 즈마신용의 점수는 알리바바가 제공하는 서비스 중 하나로, 알리페이와 연결된 각종 정보가 점수 산출의 기준이 되기 때문에 위챗을 주로 사용하거나 평상시에 알리바바 계열 서비스를 많이 사용하지 않는 사람은 점수가 낮아지게 된다. 반대로 평소에 알리바바 계열 쇼핑몰에서 소비를 많이 하거나 대부분의 자산을 알리페이로 관리하는 사람은 실제보다 점수가 높게 나올 가능성이 있다는 과제도 남아있다. 일본에서도 소프트뱅크와 미즈호은행이 'J.Score' 서비스를 시작했지만, 사회적으로 퍼지기까지 넘어야 할 산이 많다.

중국은 국토가 넓고 인구도 방대해서 개인의 신용 정보 파악이 무척 어려워 신용 점수에 대한 수요가 높다. 반면 한국과 일본은 신용 정보를 파악할 수 있는 사회적 환경이 이미 갖춰져 있기 때문에 누구나 사용하고 싶게 만드는 지점을 만들어 내는 것이 중요하다.

제8장

여행

더 나은 여행 경험을 만들다

세계적으로 서비스를 제공하는 온라인 여행사

씨트립 (携程, Ctrip)

기업명 **씨트립**

누계 사용자 수	MAU (월간 활성 사용자 수)	서비스 개시 연도
4억 명	**4,563만 명**	**1999년**
	2020년 기준, 코로나 이전(2018년): 2억 명	

[여행과 관련된 모든 서비스를 제공하는 앱]

씨트립은 중국 최대 온라인 여행사다. 하나의 앱으로 여행과 관련된 모든 서비스를 예약, 결제할 수 있어 매우 편리하다.

항공권 및 숙박 시설 예약, 여행 상품 판매가 주된 사업이지만, 현재는 기차표, 버스, 공연 티켓, 배차, 단체 여행, 크루즈 예약, 휴대용 와이파이 대여, 여행 보험 가입, 여행 가이드 예약, 현지 쇼핑 쿠폰 구매 등의 다양한 서비스도 제공한다.

사진과 글을 올릴 수 있는 SNS 기능도 갖춘 씨트립의 독특한 서비스로는 여행 DIY 기능을 꼽을 수 있다. 지도상에 가고 싶은 장소를 탭하기만 하면 앱이 가장 효율 높은 경로를 계산하여 여행 루트를 제안해 준다. 목적지 주변에 있는 시설도 지도상에 표시되며, 새로운 경로로 추가할 수 있다. 앱의 제안이 마음에 들지 않으면 경로를 스스로 정하는 것도 가능하다.

한 장으로 보는 비즈니스 모델

❖ **주 수익원**

· 광고료 · 수익 분배 · 서비스 이용료 등

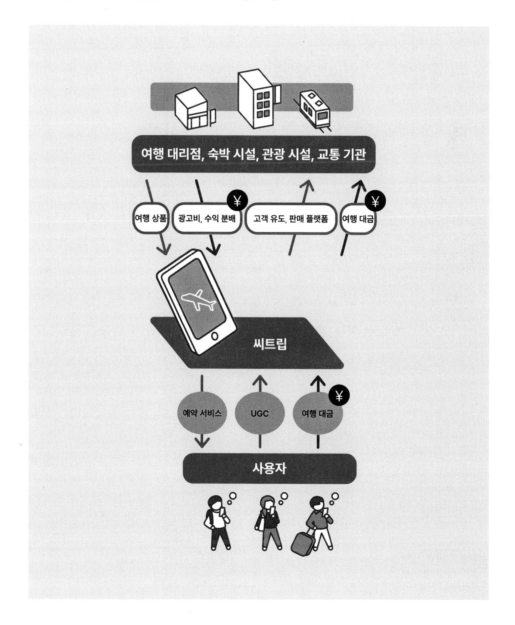

사용자 니즈와 기업의 성장 배경

씨트립은 중국을 대표하는 여행 앱이다. 중국 국내에서는 온라인 여행 서비스라고 하면 가장 먼저 씨트립을 떠올릴 만큼 그 인기가 대단하다. 2003년 미국 나스닥에 상장했으며, 2015년에는 업계 2위인 '취날Qunar'을 인수하며 최정상의 자리를 공고히 했다.

한국과 일본을 비롯한 해외 시장에서는 '트립닷컴TRIP.com'이라는 브랜드명으로 서비스를 제공하고 있다. 씨트립은 전 세계 200개국, 5천 곳 이상의 도시에 있는140만 개의 호텔과 제휴를 맺고 있다. 회원 수는 전 세계 4억 명을 넘어섰다.

씨트립의 강점은 당사가 제공하는 양질의 서비스, 그리고 앱의 사용 편리성에 있다. 전술한 여행 DIY 기능은 사용이 매우 편리하며, 단시간에 효율적인 경로를 짤 수 있다. 또한 여행 관련 앱은 보통 여행 전에 사용하는 것을 전제로 하지만, 씨트립에는 일부 관광지의 음성 가이드가 탑재되어 있어 실제로 여행지에 도착해서 앱으로 설명을 들으면서 관광할 수 있어 여행 중에도 유용하다.

현지에 도착해서 여행 가이드를 고용할 수도 있다. 이 기능은 가이드의 사진, 이름, 지금까지 안내한 고객 수, 사용자 후기, 차량 유무, 메시지 답변율 등을 확인한 후 의뢰할 수 있기 때문에 안심하고 신청할 수 있다.

주요 자금 조달

조달 라운드	조달 시점	조달 총액	투자자
전략 투자	2015년	10억 달러 (약 1조 370억 원)	프라이스라인Priceline / 힐하우스 캐피털 그룹Hillhouse Capital Group
전략 투자	2014년	10.5억 달러 (약 1조 890억 원)	프라이스라인
IPO	2003년	45,600만 달러 (약 780억 원)	개인 투자자
C 라운드	2003년	1만 달러 (약 100억 원)	타이거 글로벌 매니지먼트Tiger Global Management
B 라운드	2000년	1,127만 달러 (약 120억 원)	오키드 아시아 그룹 매니지먼트Orchid Asia Group Management, Ltd. / 소프트뱅크 차이나 벤처 캐피털Softbank China Venture Capital / 칼라일 그룹The Carlyle Group
A 라운드	2000년	450만 달러 (약 47억 원)	오키드 아시아 그룹 매니지먼트 / 소프트뱅크 차이나 벤처 캐피털 / IDG 캐피털 / 5Y 캐피털5Y Capital
엔젤 라운드	1999년	50만 달러 (약 5억 2천만 원)	IDG 캐피털

세 번의 발전

1	2003년	나스닥 상장	상장 당일, 주가 상승률 88%로 당시 최고 기록 달성.
2	2015년	경쟁 기업 '취날' 인수	바이두 산하 취날과 주식 스왑swap(교환을 통해서 이루어지는 금융기법) 진행. 씨트립은 취날의 주식 45%를 취득, 바이두가 씨트립의 주식 25%를 취득하며 자본 제휴. 이에 따라 업계 2위 경쟁 기업을 삼키는 데 성공함.
3	2018년	배차 서비스 영업 허가 취득	중국 국내 온라인 배차 서비스 영업 라이선스 취득. 온라인 택시 예약, 렌터카 서비스를 전국 규모로 전개하면서 여행 서비스의 생태계를 더욱 확충시킴.

앱의 주요 기능 및 UI 디자인 특징

앱 홈 화면

목적지가
세분화되어
있어 희망 여행
상품을 쉽게
찾을 수 있다

지도 내
아이콘을
누르면 시설
등의
상세 정보가
표시된다.
내비게이션
기능으로
길 안내도
해준다

상세
페이지에서는
시설 개요, 후기,
실시간 날씨
등의 정보를
확인할 수 있다.
일부 관광지는
음성 해설
기능도 지원한다

제휴 음식점 및
호텔, 각종 시설
예약도 가능하다

경유지를 손쉽게
추가하여
자신만의
여정을 만들 수
있는 여행 DIY
기능이다

여행 기록을
다른 사용자와
공유할 수 있는
SNS 기능

여행자 보험
상품도
온라인에서 구매
가능

53

중국판 '구글 지도'

바이두 지도(百度地图, Baidu Map)

기업명 **바이두**

누계 사용자 수	MAU (월간 활성 사용자 수)	서비스 개시 연도
6.4억 명	**4.4억 명**	**2005년**

[지도 이외의 독특한 기능에도 주목]

바이두 지도는 바이두가 운영하는 중국판 '구글 지도'라고 할 수 있는 지도 앱이다. 지도의 기본 기능 외에도 한 앱에 최대한 많은 부가 서비스를 제공하는 중국 앱만의 독특한 기능이 가득하다.

달린 거리 및 소비된 칼로리를 계산해 주는 달리기 기능, 지도에서 목적지를 검색해서 경로에 따라 차량을 부를 수 있는 배차 기능(여러 회사 중에서 선택해 부를 수 있다), AR 기술을 활용한 관광 명소 및 백화점 등의 상업 시설 안내 지도 기능도 있다.

내비게이션 기능은 여러 경로를 비교하여 신호등 수를 표시해주거나 교통 위반 단속 카메라 위치를 알려주는 역할도 한다. 관광지의 드라이브 코스를 제안해 주는 기능은 좋아하는 연예인의 목소리로 내레이션을 들을 수 있다.

한 장으로 보는 비즈니스 모델

❖ **주 수익원**

- 광고료 등

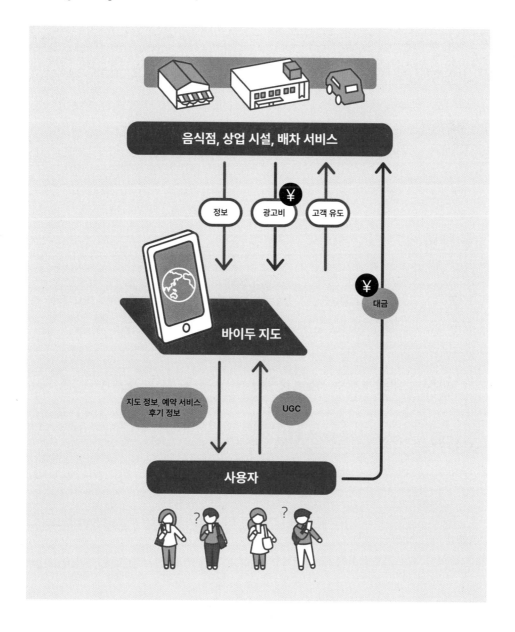

사용자 니즈와 기업의 성장 배경

중국에서는 구글 지도를 사용할 수 없기 때문에 자국에서 지도를 개발할 필요가 있었다. 이러한 흐름 속에서 바이두 지도는 구글 지도의 베타 서비스가 출시된 해인 2005년에 출시되었다.

경쟁 상대로는 '오토내비^{Autonavi}(2014년 알리바바가 인수)', 텐센트의 '큐큐맵^{QQMAP}'이 있다. 중국 3대 IT 기업 BAT 모두 지도 서비스를 제공하고 있는 것이다.

바이두 지도의 강점은 바이두의 본업이기도 한 검색 엔진 기술에 있으며 정확도, 부가 가치(다기능) 등을 무기로 시장의 약 30%를 차지하고 있다(바이두 30%, 알리바바 30%, 텐센트 15%).

세 번의 발전

1	2015년	빅 데이터를 제공하는 경로 추적 서비스 출시	익명화된 사용자의 이동 경로를 추적하여 실시간으로 히트맵heat map을 표시하는 기능을 출시. 이에 따라 빅 데이터 제공이 가능해짐. 출시 1년 동안 3만 명의 개발자에게 빅 데이터를 제공.
2	2017년	신호 제어 시스템 개발	사용자의 위치 정보를 AI가 파악하여 도로상의 신호를 제어하고 교통 체증을 해소하는 시스템을 개발하여 베이징 교통 관리국에 제출.
3	2018년	스마트 미니 프로그램 출시	오픈소스의 미니 프로그램 출시. 바이두 지도가 제공하는 위치 데이터를 이용하여 소매점, 음식점, 관광지, 상업 시설, 쇼핑몰, 교통 등의 폭넓은 서비스가 서로 연계할 수 있게 됨.

앱의 주요 기능 및 UI 디자인 특징

앱 홈 화면

다른 사용자가 올린
사진과 댓글을
볼 수 있다

앱에서 택시를 부를
수도 있다

내비게이션 기능은
단속 카메라 위치도
표시된다

가장 효율적인 경로,
명소 안내 정보가
표시되는 여행 모드

내비게이션 음성을
유명인의 목소리로
변경할 수 있다

54

생생한 정보를 얻을 수 있는 여행 SNS 플랫폼

마펑워 (马蜂窝, Mafengwo)

기업명 마펑워

누계 사용자 수	MAU (월간 활성 사용자 수)	서비스 개시 연도
1.3억 명	**572만 명**	**2010년**

광고가 아닌 생생한 후기로 인기

마펑워는 여행 체험담 및 여행 관련 정보를 올리고 볼 수 있는 SNS 앱이다. 메인 기능은 여행 경로, 관광지에 대한 감상을 올리는 서비스로 열람자는 게시자를 팔로우하거나 댓글을 달 수 있다.

사용자는 자신의 페이지를 직접 만들 수 있고, 방문한 나라나 도시의 개수를 표시할 수도 있다. 방문한 곳을 지도에 표시한 후 아이콘을 누르면 바로 해당 장소에서 찍은 사진이 나오는 독특한 인터페이스도 있다.

가고 싶은 곳에 대한 질문을 올리면 실제로 가본 사람이 대답을 하는 Q&A도 이용률이 높다. 원하는 장소를 검색하기만 하면 관련 글이 표시되어 여행 계획을 짜는 데 도움이 된다. 비교적 긴 글의 게시물이 많아 광고로는 알 수 없었던 정보까지 얻을 수 있다. 또한 마펑워는 여행 DIY, 저가 항공권 판매, 비자 신청 대행, 휴대용 와이파이 대여, 픽업 서비스, 음식점 예약 등의 서비스도 제공한다.

한 장으로 보는 비즈니스 모델

❖ **주 수익원**

　·구독 수입　·서비스 이용료　·광고료

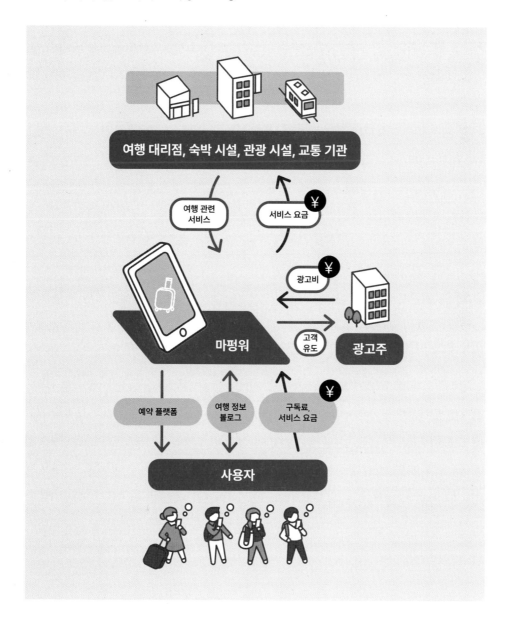

사용자 니즈와 기업의 성장 배경

허위 광고가 뒤섞여 있는 인터넷 정보 중 고품질의 정보만을 제공하는 마펑워는 다수의 사용자로부터 신뢰를 받고 있다. 블로그 기능 이외에도 목적지를 입력하면 호텔, 항공권, 음식점, 액티비티 등 장르별 정보가 표시되고 그것들을 선택하면 투어를 DIY로 할 수 있는 기능도 갖추고 있어 많은 사람이 이용한다. 동영상도 업로드 할 수 있기 때문에 여행사가 투어 이미지 영상을 올리기도 하며, 기업에서도 다양한 방식으로 활용되고 있다.

마펑워의 수익성이 증가한 원인은 2018년에 시작된 유료 회원 서비스이다. 월간 9위안(약 1,600원), 분기당 60위안(약 11,000원), 연간 270위안(약 50,000원)의 세종류로 쇼핑 할인, 공항 라운지 이용, 항공권, 신칸센 할인, 여행 상품 등급 상승, 고객센터 이용 등의 혜택이 준비되어 있다(월 회원은 할인 혜택만 가능).

세 번의 발전

1	2014년	화웨이HUAWEI와 업무 제휴	두 기업이 손을 잡고 무료 항공권, 숙박권 등의 다양한 혜택이 있는 사이클링 이벤트를 개최. 호화로운 혜택이 주목받으면서 인터넷에서 큰 화제가 됨. 이후 콘텐츠, 제품 개발, 마케팅 부문 등 협력의 장을 넓혀가고 있음.
2	2014년	Q&A 기능으로 웹 트래픽 증가	Q&A 기능 출시로 사용자 간 커뮤니케이션 활성화. 이에 따라 SEO(검색 엔진 최적화)효과를 발휘. 검색 엔진 트래픽의 증가로 이어짐.
3	2018년	유료 회원 서비스 출시	유료 회원 제도 개시. 2019년에는 신규 유료 회원 35만 명을 확보. 유효 회원의 평균 소비액은 일반 소비자를 85%나 웃돌면서 수익 향상에 공헌.

앱의 주요 기능 및 UI 디자인 특징

앱 홈 화면

SNS 기능을 이용해
많은 사람들이 여행
정보를 올린다

자신이 여행한 장소를
지도에 표시할 수 있다

항공권, 철도, 호텔,
렌터카 예약도 가능

현지 가이드에게 여정
설계, 호텔 예약 등을
의뢰할 수 있다

실제로 관광지에 간
것처럼 체험할 수 있는
라이브 체험 기능

55

中国铁路

놀라울 정도로 기능이 풍부한 국영 철도 앱

철로12306 (铁路12306, Tielu 12306)

기업명 **중국 국가철로집단** (China State Railway Group)

누계 사용자 수	MAU (월간 활성 사용자 수)	서비스 개시 연도
비공개	**7,348만 명**	**2013년**

[철도 이용 외의 다양한 기능에 주목]

철로12306은 국영 철도 티켓 예약, 구입 앱이다. '국영'이라고 하면 다소 고리타분한 인상이 있지만 앱의 UI는 굉장히 친근한 느낌이다.

이 앱은 무엇보다 기능이 풍부한 점이 특징이다. 기차표 예약, 구매, 기차 시간표 제공은 물론, 각 지역 특산품 판매, 예약해 놓으면 기차 좌석까지 패스트푸드나 도시락을 가져다주는 서비스(기차 출발 1시간 전까지 예약하면 역내 음식점에서 열차로 요리를 가져다주는 시스템), 몸이 불편한 사람들을 위한 사전 케어 서비스, 취소 표 대기, 역내 지도, 호텔 예약, 배차, 여행 보험 가입 등 다양한 서비스를 앱 하나로 이용할 수 있다. 또한 위챗페이 결제도 가능하다.

분실물 검색도 가능하며, 탑승한 기차와 분실물 정보, 분실한 위치(선반, 화장실 등)를 보내면 6시간 이내로 직원이 연락을 주는 방식이다. 분실 등록한 물품이 현재 어떤 상태에 있는지 현황도 표시되어 상당히 편리하다. 앱 이름의 '12306'은 국영 철도 전화번호다.

한 장으로 보는 비즈니스 모델

❖ **주 수익원**

　　· 티켓 판매 · 쇼핑몰 수입 · 광고료 등

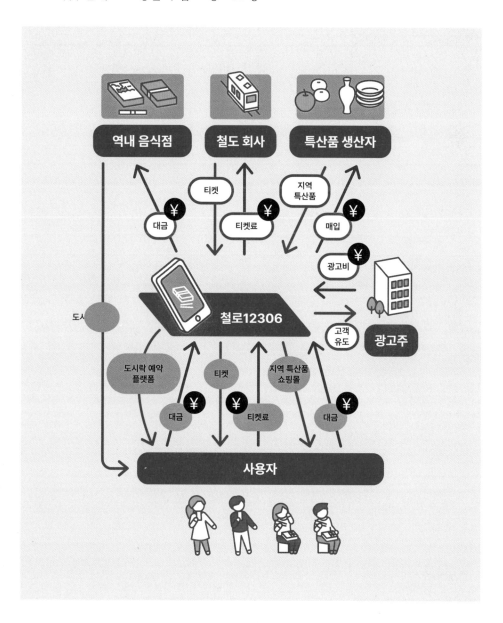

앱의 주요 기능 및 UI 디자인 특징

앱 홈 화면

티켓 예약 화면.
출발역, 도착역,
날짜를 입력해서
검색, 예약할 수
있다

개찰구에서 QR
코드를 찍어
얼굴 인식을
하면 티켓 없이
승차 가능하다

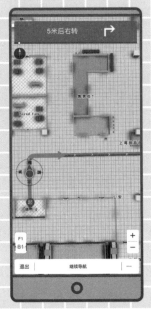

역의 상세 3D
지도도 확인할
수 있다

포인트를 모으면
승차권과 교환할
수 있는 회원
제도

티켓을 스캔하여
먹고 싶은
음식을 선택하면
지정한 시간에
좌석까지
가져다준다

호텔, 렌터카,
픽업, 택시 등도
예약 가능

각 지역의
특산품을 구매할
수 있는 쇼핑몰
기능. 현지에서
사지 않아도
집까지 배송해
주니 편리하다

| **투자자 시점에서 보는 중국 IT 기업**

투자의 목적은 주로 '재무적 리턴'과 '전략적 리턴'으로 나뉜다. '재무적 리턴'을 목적으로 중국 기업에 투자하는 경우, 가장 위험성이 적은 방법은 중국의 대형 벤처 캐피털VC이 투자하는 종목을 고르면 된다.

중국 IT 기업은 빠르게 발전하고 있어서 정보 수집에 많은 공을 들여야 한다. 해외 투자자에게 이러한 시차는 위험 요소로 작용할 수 있다. 그렇게 생각했을 때 중국 VC의 선택에 맡기는 것이 효과적인 방법이라고 할 수 있다.

기술, 점유율 획득 등의 '전략적 리턴'을 목적으로 한 투자의 경우, 시너지 효과를 추구하는 전략적 출자에 중점을 두어야 한다. 중국은 높은 개발력과 민첩한 대응력을 가지고 있다. CVC(기업 주도형 벤처 캐피털)의 경우에는 이러한 중국의 장점과 일본이나 한국이 지닌 꼼꼼한 애프터 서비스 및 탁월한 제조력 등을 융합해 본업과 시너지 효과를 낼 수 있는 중국의 스타트업에 투자하는 것을 추천한다.

다만, 중국 기업에 대한 투자는 속도가 생명이다. 만일 반년 동안 투자를 검토하기만 한다면 다른 투자자에게 선수를 빼앗기고 말 것이다. 자금 조달 스테이지가 올라갈수록 기업 가치 평가가 올라가는 것도 주의해야 할 부분이다. 1억에 투자가 가능했던 기업이 스테이지가 하나만 올라가도 100억을 들여야 하는 경우도 있다. 따라서 좋은 종목을 발견하면 사업 시너지를 재빨리 검토하여 되도록 빠른 스테이지에 투자해야 한다. 일본 최대 IT 기업인 소프트뱅크의 손정의 회장은 이 분야의 일인자다. 손 회장의 투자처는 주로 하이테크놀로지 종목이지만 뉴 리테일, 온라인 교육 등의 영역도 기업과의 시너지 효과를 기대할 수 있으리라 생각된다.

제9장

비즈니스

비즈니스 환경을
모바일 중심으로 전환하다

56

알리바바 그룹이 개발한 그룹웨어

딩딩(钉钉, DingTalk)

기업명 **딩딩**		
누계 사용자 수 **3억 명**	MAU (월간 활성 사용자 수) **1.7억 명**	서비스 개시 연도 **2014년**

[온라인 회의에서 품의 신청까지. 모든 것이 가능]

딩딩(이하 딩톡)은 알리바바 그룹이 기업용으로 만든 무료 커뮤니케이션, 공동 작업을 위한 멀티 터미널 플랫폼으로 PC, 웹, 모바일 각각의 버전을 제공하고 있다.

그룹 채팅 기능뿐 아니라 일정 공유, 온라인 회의, 워드 및 엑셀 등의 파일 공유 및 편집, 인사 관리, 근태, 품의 승인과 같이 업무에 필요한 다양한 커뮤니케이션을 온라인으로 가능하게 하는 앱이다. 딩톡에서는 하루에 1억 건 이상의 온라인 회의가 진행된다고 한다.

또한 앱 내 알리바바 계열 쇼핑몰에서 OA 기기와 사무용품도 주문할 수 있다. 각 기업에 맞춤형 기능을 제공하는 점도 특징적이다. 게다가 은행과 동일한 높은 수준의 보안 시스템을 자랑하는데, 이러한 특싱 또한 닝톡이 많은 기업에 도입된 이유 중 하나다.

한 장으로 보는 비즈니스 모델

❖ **주 수익원**

- 서비스 이용료 등

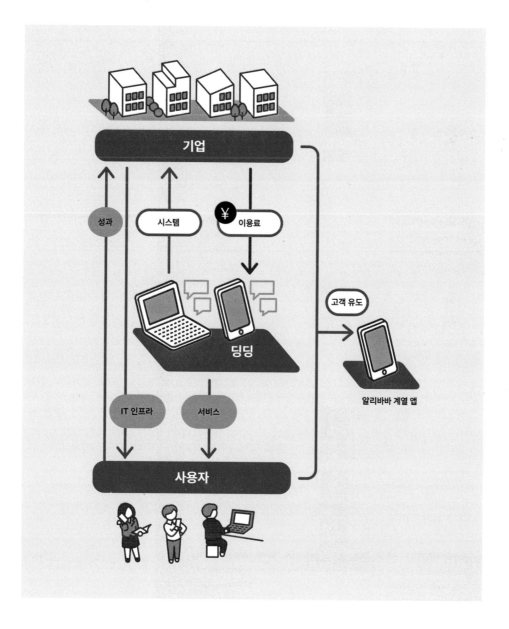

기업

성과 | 시스템 | ¥ 이용료

딩딩

고객 유도

알리바바 계열 앱

IT 인프라 | 서비스

사용자

사용자 니즈와 기업의 성장 배경

중국에서는 위챗과 같은 개인용 채팅 서비스가 업무에서도 활용되는 일이 많았다. 그러나 직원이 업무 중에 친구와 메시지를 주고받는 일은 생산성과 정보 관리 측면에서도 회사에 손실이다. 또한 직원 입장에서도 업무 중에 친구에게 메시지가 빈번하게 오는 일, 휴일에 업무 연락이 오는 일은 스트레스로 다가온다.

이러한 배경에서 많은 기업이 비즈니스에 특화된 도구를 원했고, 딩톡은 점차적으로 시장에서의 점유율을 늘려갔다. 딩톡의 주요 고객은 자사 시스템 개발 능력이 없는 중소기업이다. 중국에서는 중소기업 대상 B2B 서비스가 천억 위안(약 16조 원)가량의 시장 가치를 보유하고 있다고 평가한다.

또한 코로나로 인해 기업뿐 아니라 많은 학교가 온라인 수업을 위해 딩톡을 도입하고 있다. 외출 자제 기간 중 15만 개교와 100만 명의 교사가 수업에 사용하면서 1억 3천만 명의 학생이 이용했다. 이 기간 동안 500만 조직, 1억 명의 사용자를 획득했다. 또한 딩톡은 한국과 일본을 비롯해 세계적으로 사업을 전개하고 있다.

세 번의 발전

1	2017년	인기 비즈니스 방송 특집편에 출연	방송에서 다뤄지면서 인지도가 올라가 사용자 수가 비약적으로 증가.
2	2018년	세분화된 고객 맞춤형 서비스 제공	소매, 의료, 교육, 부동산 등의 업계와 영업, 마케팅, 관리 등 업무에 맞춘 다양한 기능을 추가. 각자의 업무에 맞춤형 기능을 사용할 수 있게 됨.
3	2020년	코로나로 교육 분야 니즈 급증	2019년에 발생한 코로나바이러스 이후 사용자가 비약적으로 증가. 2020년 3월에는 3억 명 돌파.

앱의 주요 기능 및 UI 디자인 특징

앱 홈 화면

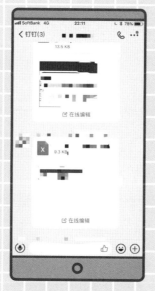

파일 송신 기능. 용량
제한 없이 보낼 수 있어
파일 압축이 필요 없다

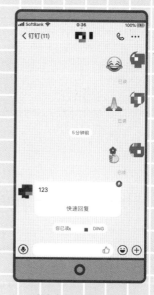

메시지, 음성을 보낼 수
있는 메신저 기능. 통화도
가능하다

각종 신청과 승인, 근태,
경비 정산 등의 다양한
기능을 이용할 수 있다

생활 개선에 도움이 되는
목표 설정과 리마인드
기능

앱에서 타오바오를
이용해 사무용품을
구매할 수 있다

57

美菜

생산자와 음식점을 잇는 B2B 서비스

메이차이

(美菜, Meicai)

기업명 **윈산시제** (yunshan shijie)

누계 사용자 수	MAU (월간 활성 사용자 수)	서비스 개시 연도
비공개	**56만 명**	**2015년**

[소규모 음식점에 신선식품을 배송]

메이차이는 농가와 음식점을 잇는 매입, 배송 서비스다. 앱에서 필요한 채소 수량을 입력하기만 하면 적은 양이라도 배송해 주기 때문에 물류 기업과 계약이 어려운 소규모 음식점이 주로 이용한다. 신선한 채소가 단시간에 도착하고 생산자 정보도 개시되어 있어 안심하고 식자재를 매입할 수 있다.

중국 농가와 음식점은 계절에 따라 공급 과잉과 공급 부족이 발생하는 농산물 수급 균형 문제를 오랫동안 겪어왔다. 또한 실제로는 물량이 있는데도 일부 지역에서 공급 부족이 발생하거나 양질의 농산물 매입에 어려움을 겪는 등의 수급, 생산자 정보 부족에 따른 문제도 존재한다.

메이차이는 중국 전국의 생산자, 음식점과 계약을 맺고 물류 거점을 성비하여 공급망을 구축했다. 또한 판매 데이터에 의거하여 매입량을 정하는 알고리즘을 적용하여 이와 같은 불균형을 해소했고, 생산자 수입 증가와 음식점 지출을 경감하는 데 기여했다.

한 장으로 보는 비즈니스 모델

❖ **주 수익원**

• 서비스 이용료

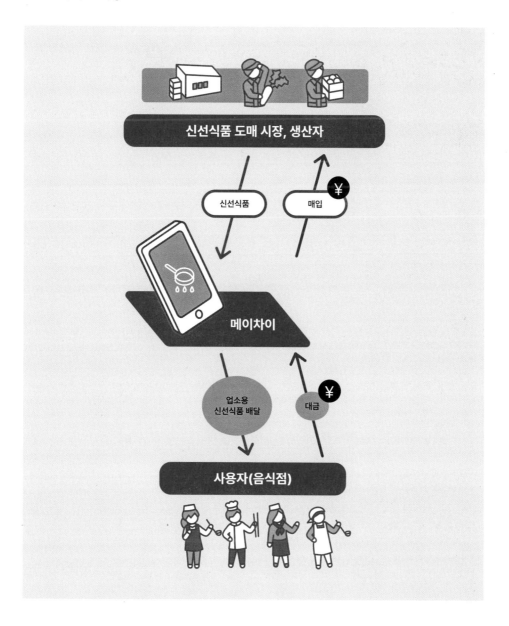

앱의 주요 기능 및 UI 디자인 특징

앱 홈 화면

식자재는
종류별로
세분화되어 있어
검색하기 쉽다

검색창, 인기
검색어, 음성
검색을 이용할
수 있다

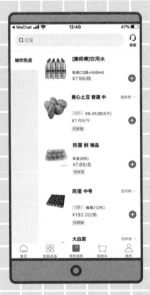

자주 발주하는
품목을 목록으로
만들어 놓을 수
있다

기본 기능이
한 화면에
모두 들어가
있어 깔끔하고
사용하기 편하다

위챗페이,
알리페이 등
주요 은행 두
곳의 계좌로
금액을 충전하여
사용한다

회계 처리에
필요한 영수증도
발행 가능하다

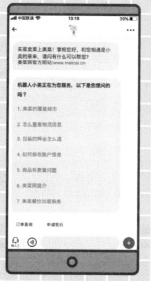

문제가 생기거나
궁금한 점이
있을 때는
채팅이나 전화로
상담사에게
문의할 수 있다

58
CC

캠카드 (名片全能王, CamCard)

기업명 **인트시그** (INTSIG)		
누계 사용자 수 **3.2억 명**	MAU (월간 활성 사용자 수) **비공개**	서비스 개시 연도 **2010년**

[효율적인 명함 관리 앱의 최강자]

캠카드는 기본적으로 무료로 사용할 수 있는 명함 관리 앱이다. 일본어, 한국어를 비롯해 16개 언어로 서비스를 지원하고 있으며 스마트폰으로 명함을 촬영하면 자동으로 글자를 인식하여 데이터베이스에 등록, 저장해 준다. 저장된 명함 정보는 클라우드에 보관되어 어느 기기에서 접속해도 열람, 편집, 다운로드 할 수 있고 날짜, 기업명, 업종 등의 다양한 카테고리로 검색이 가능하다.

명함에 적힌 기업명을 토대로 기업 정보가 표시되며 '근처 연락처'를 찾는 기능으로 지도에 등록된 명함이 표기되기도 한다. 현재 장소에서 가까이 있는 거래처를 찾아 길 안내를 해주기 때문에 주로 영업 담당자들이 사용하기 편하다. 커뮤니티 기능도 있어 앱에서 직접 연락을 취할 수 있으며 내 정보를 열람한 사람이 누구인지도 확인할 수 있다.

유료 버전(연간 약 8만 원)은 촬영한 명함 정보를 실제 사람이 직접 확인하여 틀린 부분을 수정해준다. 또한 명함을 직접 주고받지 않은 사람의 정보를 열람하거나 정보를 엑셀로 내보낼 수 있는 기능 등을 제공한다.

한 장으로 보는 비즈니스 모델

❖ **주 수익원**

　·구독 수입 　·서비스 이용료 　·라이선스 수입

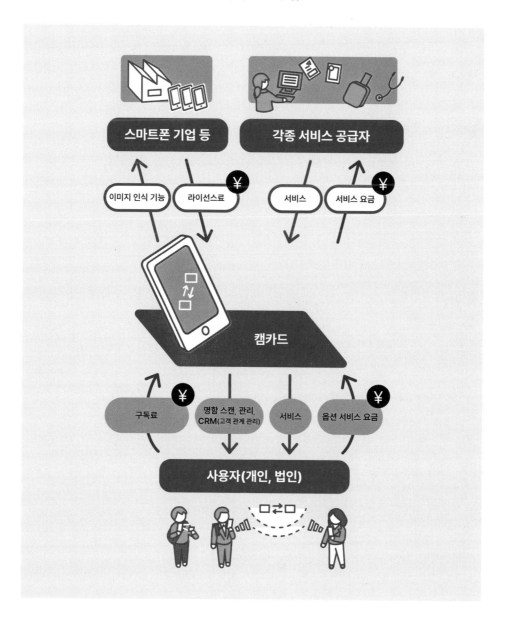

사용자 니즈와 기업의 성장 배경

최근 중국에서는 위챗 계정을 교환하여 위챗으로 명함 이미지를 보내는 일도 늘었다. 종이 명함을 들고 다니는 사람도 여전히 많지만 여러 분야에서 온라인화가 진행되고 있는 중국에서 명함 관리 서비스는 오래전부터 니즈가 강했다.

캠카드는 글로벌 시장에서 서비스를 제공한다는 강점을 갖는다. 한국에서도 ㈜씨아이디티에서 'CamCard'라는 이름으로 앱을 판매하고 있다. '구글 플레이Google Play'와 '앱스토어App Store'에서 설치 가능하며 중국 시장을 제외한 전 세계에서 1억 명이상이 사용하고 있다.

또한 캠카드는 자사가 개발한 이미지 처리 기술을 삼성, 화웨이 등의 스마트폰 제조사에 제공하고 있으며 라이선스 식별 기술을 금융 기관에 제공하는 B2B 비즈니스도 진행하고 있다.

세 번의 발전

1	2012년	해외 앱스토어를 통해 글로벌 진출	2012년부터 해외 서비스 출시. 중국을 제외한 시장에서 1억 명 이상의 사용자를 확보.
2	2015년	'기업 데이터베이스' 기능 추가	명함을 교환한 상대방의 기업 정보, 실적, 투자 정보 등을 바로 확인 가능한 '기업 쿼리' 기능을 추가. 7,500만 개 이상의 기업 정보를 열람 가능.
3	2015년	스마트폰 기업 대상 이미지 처리 기술 제공	삼성, 화웨이 등 스마트폰 제조사와의 업무 제휴를 통해 이미지 처리 기술을 제공. 은행, 증권사, 보험사 등에는 라이선스 식별 기능을 제공. 브랜드 파워와 수익 향상에 공헌.

앱의 주요 기능 및 UI 디자인 특징

앱 홈 화면

명함을 QR 코드로
발행하면 디지털
명함 교환이 가능

명함 정보는 SNS,
메일, SMS 등으로
간단히 공유할 수 있다

명함 정보를 통해 기업
상세 정보 및 뉴스를
확인할 수 있다

지도를 열면 내 폴더
안에 있는 근처 기업을
표시해 준다

검색어를 입력하면
잠재 고객을 추천해
주는 기능도 있다

59

BOSS 直聘

중국판 '사람인'

보스즈핀 (BOSS 直聘, BOSS Zhipin)

기업명 **화핀보루이** (Huapin Borui)

누계 사용자 수	MAU (월간 활성 사용자 수)	서비스 개시 연도
1억 명	**1,197만 명**	**2014년**

[검색에서 채용까지 앱에서
모두 해결 가능한 간편함이 매력]

보스즈핀은 구인 구직 서비스 및 취업 정보를 제공하는 앱이다. 이직 희망자는 무료로 자신의 경력과 희망 업종 등을 앱에 등록하여 계정을 공개할 수 있다. 기업 측의 연락을 기다리기만 하는 시스템이 아니라, 취직하고자 하는 기업 채용 담당자에게 메신저 하듯 직접 연락할 수 있다는 점이 특징이다.

또한 연락처 교환, 면접 준비, 채용 결정까지 앱에서 모두 처리할 수 있어 굉장히 편리하다. 인사부에서 진행하는 정기 채용뿐 아니라 인원 충원을 고려 중인 각 부서장이 직접 구인 정보를 내는 경우가 많다. 이직 희망자도 이직 후에 상사가 될 사람과 직접 연락이 가능하기 때문에 매우 효율적이다.

검색 기능도 충실해서 학력, 출신 학교 형태, 근무 연수, 희망 연봉, 나이, 재직 여부, 경력 유무, 이직 빈도, 성별, 거주지의 10가지 항목에 따라 검색이 가능하고, 기업도 원하는 인재를 쉽게 골라낼 수 있다.

한 장으로 보는 비즈니스 모델

❖ **주 수익원**

· 구독 수입 · 서비스 이용료 등

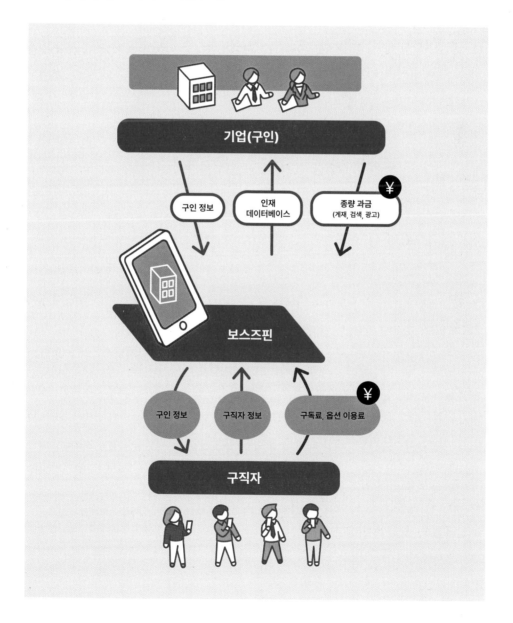

사용자 니즈와 기업의 성장 배경

구인 구직 서비스의 일반적 비즈니스 모델은 매출을 올리기 위해 수수료가 높은 구인 정보를 우선적으로 게시하는 방식으로 이루어진다. 그러나 게재 요금이 비싸 중소기업은 광고를 내기 어렵다는 문제가 있었다. 반면에 보스즈핀은 필요한 서비스를 골라 돈을 지불하는 종량 과금제를 택했다. 실제로 사용한 만큼만 비용이 발생하기 때문에 많은 기업들이 이용하고 있다.

기업이 이직 희망자에게 메시지를 보내는 경우 1회에 10위안(약 1,500원)이 든다. 보스즈핀은 AI가 자동으로 인재를 매칭하여 추천해 주는 기능, 여러 사람에게 한 번에 메시지를 보내는 기능, 자사의 구인 정보를 상위에 노출시키는 기능, 매일 추천 인재 정보를 받는 기능과 함께 구직자에게도 추천 기업을 표시해 주는 기능 등을 갖추고 있다. 이직 희망자도 돈을 지불하면 자신의 계정을 상위에 노출시키거나 상세 기업 정보를 열람할 수 있다.

세 번의 발전

1	2015년	'화장실 구인 페어' 개최	바쁜 관리직 직원이 화장실에서 잠시 짬을 내어 스마트폰으로 인재를 직접 채용할 수 있다는 콘셉트의 광고를 게재. 그 결과, 5만 개사, 75만 명의 채용 담당자가 보스즈핀에서 채용 활동을 시작했으며 1,600만 명의 '좋아요'를 획득.
2	2016년	공식 캐릭터 공개	앱 출시 2주년을 축하하며 공식 캐릭터 '즈즈'를 발표. 이벤트, 만화 등을 통한 폭넓은 광고 활동 개시. 해당 연도에는 활성 사용자 수 1천만 명을 달성.
3	2020년	CCTV와 온라인 구인 방송 공동 기획	기업 구인 정보를 공개하여 방송 중에 시청자가 구직활동을 할 수 있는 TV 프로그램을 방영하여 1,200만 명이 시청. 이후 10만 편 이상의 이력서가 도착해 많은 청년층에 일자리를 제공함.

앱의 주요 기능 및 UI 디자인 특징

앱 홈 화면

채용 기업과 구직자는
채팅으로 연락할 수
있다

기업의 자세한 정보가
사진과 함께 게시
되어 있다

채용 기업이 보낸
메시지를 확인할
수 있다

유료 회원은 자신의
이력서의 '경쟁력'을
확인할 수 있다

매주 구직 현황 보고와
채용 효과 피드백이
업데이트된다

60

중국판 '전자공시시스템DART'

치차차 (企查查, Qichacha)

기업명 **치차차**

누계 사용자 수	MAU (월간 활성 사용자 수)	서비스 개시 연도
2억 명	266만 명	2014년

[기업에 관한 모든 정보를 검색할 수 있는 앱]

치차차는 중국을 비롯한 190개국 및 지역의 기업 정보를 검색할 수 있는 앱이다. 기업의 여신, 영업 대상 기업, 인수처 선정, 투자, 이직 준비를 위해 주로 이용된다.

열람 가능한 정보로는 재무 현황, 등본, 임원 이름과 경력, 변혁, 연차 보고, 경영자가 보유한 주식 종목과 비율, 타사와의 관계, 행정 허가 항목, 최종 수익자 및 조직 정보, 구인, 동종 업계 타사 분석, 관련 기사, 지식 재산(특허, 제출 서류도 모두 앱에서 열람 가능), 상표, 투자 중인 기업, 소송 현황 등이 있다.

기본 정보는 무료로 열람 가능하며 연간 360위안(약 5만 원)을 지불하면 모든 정보를 열람할 수 있게 된다. 특정 기업을 팔로우하면 투자, 융자, 주식, 뉴스, 소송 정보를 실시간으로 확인할 수 있다. 특히 기업 요직에 있는 사람들의 관계를 도식화해 놓은 상관관계도 기능이 특징적인데, 주식 보유 현황과 접점 등을 직관적으로 확인할 수 있다.

한 장으로 보는 비즈니스 모델

❖ **주 수익원**

　· 구독 수입 　· 서비스 이용료 등

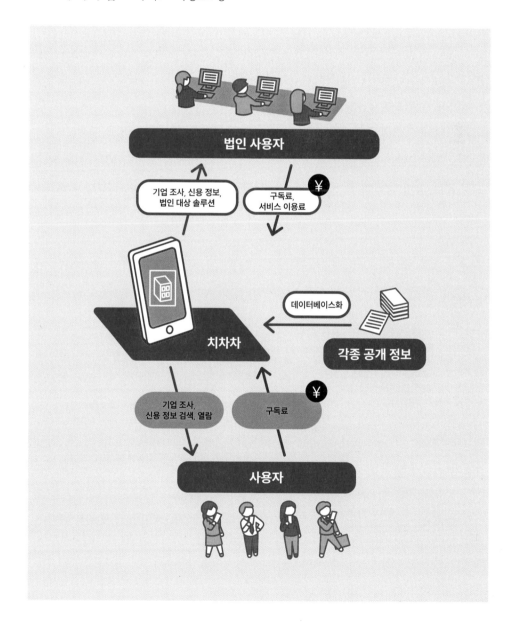

사용자 니즈와 기업의 성장 배경

치차차에 게재되어 있는 정보는 모두 AI가 인터넷에 공개되어 있는 정보를 수집, 분류한 내용이다. 따라서 정보 업데이트가 굉장히 빠르다. 중국중앙은행의 '기업 신용조사 업무 경영 비안증'이라는 면허를 취득하여 신뢰성 또한 인정받았다.

중국 기업은 M&A가 빈번히 이루어지고 타사 투자도 활발하여 자본 관계가 복잡하다. 그렇기 때문에 기업 배후의 자금 흐름과 주주 정보를 간단히 검색 가능한 점도 많은 사용자에게 인기를 끄는 요인 중 하나다.

치차차는 다수의 펀드 및 기업에서 자금을 조달하고 있으며, 2019년 C 라운드 이후에는 시가 총액 4,500만 원을 넘긴 바 있다. 이후 앱을 업데이트하여 2020년에는 세계 190개국 및 지역의 기업 정보를 공개하고 있으며 사용자 수는 2억 명을 돌파하였다.

세 번의 발전

1	2017년	위챗 미니 프로그램 출시	위챗 미니 프로그램에 '치차차'를 출시. 위챗 내에 정보를 공유하기 쉬워졌으며 기능 변경을 통해 앱 검색 횟수가 급증, 흑자화로 전환.
2	2019년	편의성이 대폭 향상된 '버전 3.0' 출시	C 라운드 융자 후 미국 대형 신용 조사 기업 '던 앤 브래드스트리트Dun & Bradstreet'를 벤치마킹한 '버전 3.0' 출시. 열람 가능한 항목이 대폭 증가. 신용 조사가 가능해지면서 개인 사용자 2억 명을 돌파. 유료 법인 사용자도 3천 개의 기업을 넘김.
3	2020년	해외 기업 신용 조사 리포트 기능 출시	아시아 11개국, 유럽 37개국 등 세계 190개국이 넘는 국가 및 지역의 기업 정보를 공유하는 신기능 공개. 정보의 범위가 대폭 넓어졌다.

앱의 주요 기능 및 UI 디자인 특징

앱 홈 화면

원클릭으로 기업 상세
정보를 검색 가능하다

기업 관련 서류를
검색 및 저장할
수 있다

기업뿐 아니라 경영자,
투자자, 연예인 정보도
확인 가능하다

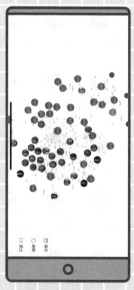

주요 인물의 관계를
도식화한 상관관계도
기능

사진을 찍으면 비슷한
상표를 검색해 준다

왜 중국에서는 유니콘 기업이 많이 탄생하는가?

유니콘 기업이란 시장 가치 10억 달러 이상이며, 창업한 지 10년 이하인 비상장 IT 기업을 지칭하는 말이다.

현재 한국에는 2021년 기준 무신사, 티몬, 직방 등을 포함해 15개의 유니콘 기업이 존재한다. 사상 최고 수준이지만 디디추싱, 앤트파이낸셜Ant Financial, 틱톡 운영사인 바이트댄스 등 200개가 넘는 유니콘 기업을 보유하고 있는 중국과 비교했을 때는 미미한 성과다(일본의 유니콘 기업은 2020년 기준, 딥 러닝 기술의 프리퍼드 네트웍스Preferred Networks나 뉴스 앱의 스마트 뉴스 등 7개 사 정도다).

한편 유니콘 기업이 탄생하기 위한 필요 요건은 '시장 × 인재 × 자금 × 궤도 수정 능력'이다. 중국은 엄청난 인구 모수 덕에 세계 각국과 비교해도 유리한 시장 환경과 수많은 창업 인재를 보유하고 있다. 최근에는 높은 성장을 기대한 해외 투자자들의 자금이 유입되어 중국 벤처 기업의 성장을 이끌고 있다.

그러나 유니콘 기업을 이끄는 결정적 한 방은 '궤도 수정 능력'에 있다. 한국과 일본에서는 한 번의 실패가 브랜드 이미지, 거래처 및 고객과의 신뢰 관계에 크나큰 영향을 끼친다. '실패 비용'이 매우 크다는 뜻이다. 또 결과를 내기 위한 '과정'을 중시하는 경향이 강하다. 반면 중국은 성과주의적 색이 짙어 설령 그 과정에서 실패가 반복되더라도 결과적으로 성공한다면 높은 평가를 받는다. 이러한 성향이 시행착오에 관대한 환경을 만들어 낸다.

다시 말해, PDCA(Plan(계획), Do(실행), Check(확인), Adjust(조정))가 중요한 한국과 일본에 비해, 중국은 TECA(Try(시도), Error(오류), Check(확인), Action(행동))가 일반적이다. 그리고 이와 같은 견해 차이가 창업 환경에 큰 차이를 가져다주고 있는 것이다.

감사의 말

끝까지 읽어주셔서 감사합니다!

이 책을 집필하면서 저는 무엇이 사람들의 삶을 더욱 쾌적하고 즐겁게 하는지에 대해 다시 한번 생각하게 되었습니다. 그리고 그 포인트는 '업무 방식'에 있다는 것을 깨달았습니다. 우리는 일을 하기 위해 인생의 절반이라는 시간을 투자합니다. 일은 단순히 돈을 벌기 위한 무기적인 작업이 아니라 즐거움이나 기쁨, 괴로움과 같은 다양한 감정이 하나로 합쳐진 인생의 업적 중 하나입니다. 그러니 더 좋은 방식으로 일을 하거나 자신에게 맞는 일을 모색하는 일은 우리의 인생을 더욱 다채롭게 만들 것이라고 생각합니다. 본서에서 소개한 모바일 비즈니스는 이를 실현하기 위한 가능성을 품고 있습니다.

예를 들어 그림이 좋아 일러스트레이터로 생계를 이어나가고 싶지만 치열한 경쟁 속에 일러스트를 팔 수 있는 환경조차 제대로 마련되지 않아 꿈을 접고 다른 일을 하고 있는 사람이 있다고 합시다. 하지만 손쉽게 일러스트를 판매할 수 있는 플랫폼이 구축된다면 그 사람은 다시 한번 본인이 하고 싶은 일에 도전할 수 있을 것입니다. 그가 그린 일러스트가 높은 평가를 받아 일러스트레이터로서 오래오래 사랑받게 될지도 모르지요.

이처럼 온라인 비즈니스의 분야는 거리와 시간의 벽을 넘어 좋아하는 일을 할 수 있게 해주고, 일이나 업무 방식을 더욱 좋은 방향으로 끌고 갈 무한한 잠재력을 가지고 있습니다.

IT로 사람들의 인생을 더 좋게 만드는 일. 그것이 제 인생의 모토입니다. 이 책이 한국의 스타트업 비즈니스, 그 중에서도 온라인 서비스 분야를 더 좋은 방향으로 이끄는 하나의 계기가 되어 더 많은 사람들이 삶을 즐겁고 쾌적하게 보낼 수 있으면 더할 나위 없겠습니다. 마지막으로 본서는 20명이 넘는 분들의 협력을 통해 출판할 수 있었습니다. 이 자리를 빌려 감사의 말을 전하고 싶습니다. 그리고 언제나 저를 격려해 주시고 이 책을 집필할 계기를 만들어 주신 고(故) 하라 도시아키 님에게 진심으로 감사드립니다.

한 장으로 보는 중국 스타트업 비즈니스 모델
대륙을 뒤흔든 60가지 앱의 성공 패턴

초판 발행 | 2022년 5월 23일

펴낸곳 | 유엑스리뷰

발행인 | 현호영

지은이 | 왕친
옮긴이 | 김나정

편 집 | 안성은

디자인 | 장은영

주 소 | 서울시 마포구 월드컵로 1길 14, 딜라이트스퀘어 114호

팩 스 | 070.8224.4322

이메일 | uxreviewkorea@gmail.com

ISBN 979-11-92143-22-4

CHUGOKU ONLINE BUSINESS MODEL ZUKAN

Copyright © 2021 Alex Wang

Korean translation rights arranged with Kanki Publishing Inc., Tokyo
through Korea Copyright Center, Inc., Seoul

이 책은 (주)한국저작권센터(KCC)를 통한 저작권자와의 독점계약으로
유엑스리뷰에서 출간되었습니다. 저작권법에 의해 한국 내에서 보호를 받는
저작물이므로 무단전재와 복제를 금합니다.

유엑스리뷰는 가치 있는 지식과 경험을 많은 사람과
공유하고자 하는 전문가 여러분의 소중한 원고를 기다립니다.
투고는 유엑스리뷰의 이메일을 이용해주세요.
✉ uxreviewkorea@gmail.com